為什麼是我？

菩薩找我當代言人

一本讓你親近菩薩、提升靈性的書

潘明雪——著

感恩
大恩不言謝
真正的謝意乃是發自內心深處的感動

本書的目的，想藉由作者的親身經歷帶各位看見因果的影響，而這些因果的相應乃自靈魂深處的業因印記；其真正想成就的一個觀念是，自我改變，將內在的業因，內在的印記消除，**淨化生命之流成了人們此生最需面對的首要之事，而不是查因果。**淨化清理就是創造，它將改變你的思維模式，不再宿命的認命，再次找回自己的力量；創造出新的人生。

推薦序

特別的「巫婆」

「此女只應天上有，人間難得遇幾回」。這是我對她的形容。

那一年，我期盼我混亂的心，得到一些舒緩與平靜，最後，我選擇了佛畫課。一來，佛像的莊嚴或可有所依恃；二來，精細的工筆，令人讚嘆！也想窺之一二。

上課的第一天遲到，踏入教室，即見學生區分兩邊，還有數張佛畫展示，然而，吸引我的，並非佛畫，而是進階班，正在教學的老師——一身唐裝，素雅脫俗，一個清奇的女子……

之後，每次進入教室，我的眼光就很自然的往左看去，有時上課中，我會忍不住的轉身遠望，只見她專注的眼神下，總是帶著淺淺的笑。

看官，請別誤會！我絕非被美色所迷，也斷無非分之想，只是那氣質，如玉蘭，讓人不得不去尋它的花香。

課一堂一堂過去，由於忙碌，佛畫我終究沒有進度，期末聚餐，飽足之餘，我想，我是要打退堂鼓了，然心中卻有一份好奇，直想一探究竟。眼見大夥在收拾殘局，即將曲終人散，我終於鼓足勇氣，打斷她與學員的談話，結巴的開了口，勉強擠出一句話：老師，你從事哪方面的工作？

出乎意料的，她親切的一如老友，相談甚歡，而我們也緣起於此。

漸漸的，我發現她不僅佛畫功力深厚，唐裝也是她的拿手，更不可思議的，她竟擁有一項「特異功能」！

經常閒聊中，她會說說菩薩與她的對話，精彩生動，卻沒有一絲「神氣」，自然的就像一位長輩給她的叮嚀；她不同於一般神職，開口閉口因果報應，動不動就跟你說業障現前，讓你感覺滿身罪惡，她說，她希望把她的經歷與處理過的個案，集結出書，並發願將她能力發揮助人。

如今，她實現了。

去年底，工作室成立，原打算當她的一個「病人」，想不到預約掛號已排在一週以後。

那天，星期二下午，依約前往。門口懸掛的是她親手設計的招牌，金色的「淨苑」搭配別緻的檜木盤，雖不大，卻醒目出眾，一如主人；室內約十來坪，沒有滿座的神佛、複雜的擺設；沒有昏暗的燈光、薰人的香煙。明亮素淨，簡單雅致，牆上一幅她親手畫的菩薩，詳和的雙眼，彷佛全看懂了你的心事，而且給了你撫慰及平靜。整個環境給人的感覺，就如同她的名片上印的——安心的所在。

與她面對面的坐下，她拿出一張白紙說，寫下你想要的。寫下我想要的？嗯！她肯定的在重複一次，然後暫離，給我沒有壓力的思考空間。這真的是難題，曾幾何時，我幾乎忘了「夢想」這東西，我整理了思緒，落筆寫了四樣。

她看了之後，並沒有笑我癡人說夢，而是用紅筆在紙張的空白處寫下「我值得豐盛與美好，因為我是如此富足，我的內在豐富，外在必然豐盛圓滿……」

她說，你可以擁有這些，只要你相信！

或許，你會納悶，她怎麼不說三世因果？怎麼不說冤親債主？是的！她就是這麼特別的「巫婆」，她著重的是心靈的豐富，強調的是內在的提升，她不要牽扯宗教，而是教我們自省與感恩。累世的因果，確實存在，但這只是她作療癒的參考。

現在，我仍持續到淨苑充電，調整我的思考模式，我不再怨天尤人，我不再認為自己集不幸於一身，對於挫折不再耿耿於懷，而我也感覺我的日子漸入佳境，漸有轉機，我重新啟動我的「希望工程」，我確信我終能圓夢，因為，我值得！

年前，她送我「所求滿願、豐盛富足」的祝福，我也送給你。

找回自性之光

實在開心，明雪要出第一本書了，而我亦有幸搶先拜讀，又能為之作序，深感榮焉。

此書描述作者自身特殊的通靈經驗，書中也真誠無私的分享，他如何從一位膽怯的、自卑的、總是受人誤解的人，在生活的歷練下、自我不斷探索修行中，找回自己的力量，勇敢的突破困境，成為命運的主人。也從書中得知，他曾經抗拒自己的敏感體質，更不願接受靈媒這樣的工作性質，不斷的跟上天說「不」！一心一意只想把家庭與孩子照顧好，做個平凡中人，但在菩薩上師們慈悲與智慧的教導下，心漸漸踏實，進而展開的他精彩的助人、渡人的靈性旅程。

初識明雪之時，即驚嘆於他的慧心巧手、習畫佛像、縫製衣裳、彩繪布包、作品清新脫俗、獨樹一格，爾後更發現他對真理窮究之精神、潛心閉關，一有修行增上心得，也樂於同大家分享，成為我修行的好榜樣。我與大天使們的連結，從事諮商工作多年，經常看見前來問事的個案，若真心用功修行，其身旁都會有菩薩庇佑，所問的問題，菩薩也會直接給予訊息，說明其事由因果，以及該如何改善此事的圓滿方法，事後，總讓我非常讚嘆與深受感動，大天使的聖團與諸佛菩薩們，對眾生憶念護念之悲憫情懷，和高深的智慧，所以自己也開始學習佛法、研讀經典，自從與明雪相識之後，互相交流，更覺真理如一，只因眾生根性不同，為善巧方便，故而有多重組合的表達形式，以利教化。

而今明雪不但以手藝與人廣結善緣，更已分享諸佛菩真理的教導與眾生結法緣，其生命益發珍貴殊聖與福慧雙修了！

看完明雪書稿，一篇篇生命的故事，一句句智慧法語，醍醐灌頂、洗滌身心，也讓人更進一步去思考，歲月的極好與靜美，是因人之思、言、行、極好與靜美所致，感覺生活愜意與優雅，是因人內在感恩思維與深厚內涵之謙卑氣質展露於外，生命喜於向上提升，樂於外向分享，亦欣見自身的光明莊嚴，清靜自在。

靈性諮商師

《為什麼是我？》一書是作者成為靈媒的心路歷程，及與菩薩、無形眾生互動的精彩好書。其文字淺白流暢，並且跳脫了一般傳統通靈的窠臼，用作者清新的思維與靈界溝通，因為無意中成為上天的管道，讓當事人衝擊很大，而且為了證實自己不是幻聽、幻視，作者常會與老天爺討價還價的經過都在書中一覽無遺，實在令人大開眼界。

上天為此，也讓作者發展繪製佛像的潛能，從完全不懂，到能夠繪成一幅幅精美的佛像，到能夠授課，只因為要讓作者相信她真的就是上天點到名的靈媒之一。漸漸地，作者放下了對於通靈的各種質疑，乖乖成了菩薩的好女兒，並將這幾年通靈的經過付梓成書，在菩薩不斷的催促下，終於找到有緣的出版社順利完成交代。

作者亦接受新時代的觀念與天使的療癒法、靈氣的學習、脈輪的清理等等，只為了普羅大眾身心健康的種種需要。

本人跟作者潘老師的結緣，真的是上天非常巧妙之安排，一個讓我們無法預料的結果，就這樣讓彼此可以打氣與成長。此話怎講，因為有參與此書送稿前的校閱，書中她的經歷與過程，雖然與我有大不相同的境遇，但內心過程的煎熬與衝突，是不言而喻的，但相同的是，我們都有謹慎的內在自律，知道自己稍不小心，就有可能離靈性、法道甚遠，所以非常珍惜上天賜與我們的羽翼，不敢有所私欲的造次。

真正的力量，其實就在人類的心靈力量。我們生命中所發生的重大危機，是內在祈求被給予療癒的啟示！危機是靈魂的提示，藉由「失去」的面向，例如：喪親、破產、意外、重病等，揭露被禁錮的靈魂，何時才可以被人們解放？世人何時才能懂得去聽聽內在的聲音？何時才會向內在神性連結？那就是去識破所有人類種種最大的欲求，只不過是靈魂欲回歸一體意識，而硬被我們扭曲下的產物（原欲坑洞）。

在生命短暫的道途上，可以找到一位讓我們信任的心靈諮商師非常重要，人都會有惰性的時候，身旁若有位亦師亦友的人，除可以幫助自己精進外，更是通往內在神性的必要過程。不過緣起緣滅，當我們的緣份到了要可以看到並且珍惜，緣盡了，也表示自己要邁入另外一個階段，就要當機立斷的放下，生命的歷程總是來來又去去，用活躍的心態來面對所有的當下時，我們的身心靈就真正自由了。

真空生妙有　隨緣來化變　自由亦自在　觀破諸幻象

靈魂美學占星諮商部落格

鏡無良子

推薦序

從因果實證當中　提升自己

在這二十年中，看到許多親戚朋友面對病痛時的痛苦，我們除了口頭上一些不切實際的安慰，以及偏方的提供，結果大多無法幫助我們周遭的朋友，只能眼睜睜的看著朋友受盡病魔的折磨，生命不該是如此，生命應該是充滿喜悅和幸福的。

在一個殊勝的因緣下，認識了本書的作者潘明雪老師，在他透過十多年的修行，再加上上天和諸佛菩薩的加持、指導中，不斷的自心性成長下，有著一顆悲天憫人的心，因此幫助了許多因緣成熟的朋友，而且，絕大部分是不認識的朋友，這些朋友有著身體的病痛和心裡的煩惱，或許是上天的慈悲，經過友人的介紹，或是在聊天中提及，進而認識潘老師。

在潘老師充滿愛心與冤親大德的溝通協調下，讓冤親大德由怨恨的心轉成充滿幸福與希望的心，而不是傷害他們，當然這過程是相當複雜，各位讀者可在本書許多實例中了解，當然，也有失敗的例子，大都是當事者的不信任或是定業難轉，潘老師，藉著特殊的因緣幫助大家，她希望不只是協調因果，更希望在這樣的過程中，給予正確觀念，而提升自我認知的概念，進而創造幸福美滿，改變自己的人生。因為，我們遭遇許多生理和心理的痛苦，皆是我們過去生所造就的，延伸到這一世，若不改變，這痛苦將持續影響我們這輩子，甚至下輩子。

我在落後的國家生活近二十年，看到許多人生活在恐懼和痛苦之中，不管是富有或者貧窮皆相同，所以；在我的腦海中，總是不停的思考要如何幫助他們，人的生命應是充滿喜悅與幸福，上天要我們來到世間，不是讓我們來受苦的。或許您看完這本書後，會覺得不可思議，但是其中也發生在我和我母親身上，見證著。

真誠的推薦這本書，是值得一看再看。在每個實例當中，有可能會發生在我們身上，藉此反省自己，讓我們身心靈合一，改變我們的命運，讓美滿幸福不再只是一句口頭禪，真的在我們的生命中實現了。

菲國台商　曾瑞明

自序

平凡如我，不曾想過會有機會出書，這些書稿都是在事情發生過好一段時日了，某日，菩薩給了一個訊息要我整理出書，當時唯一的想法是：菩薩，祢也幫幫忙！事情都過那麼久了！我哪記得住，早說嘛！我在當時一一做記錄就是了！那時祂很鄭重的說：將書稿整理出來。心想，該從哪裡整理起呢？於是去電跟大姐說了此事，幾天後二姐出資、大姐買來了一台電腦，自己記性差所以有個習慣，每次聽訊息時會隨手記錄訊文，所以有一堆小紙條。就這樣拿起訊文就開始紀錄，說也奇怪！當時每一篇每一個故事的始末與過程就像回到當初，就連對話都是清楚的訊息與原音重現，就這樣感動的邊打邊哭，兩週十萬個字完整的紀錄下來。

我想，菩薩的用意，希望讓更多的人能夠真正的了解，人身難得，除了藉假修真，更要運用這珍貴的肉身去感受與察覺當下的心念，唯有自我覺知覺察的去看見，覺悟的去改變，才能真正的覺醒！

無論是因果的處理或感恩事件的印證，讓我更加明白自然法則的運作，生命很脆弱、人性很執著，忘性比記性強，往往過了就忘了，所以這些處理都只是治標不治本的方法，無法究竟，人生總在一場場的磨難中成長，如何讓人們不再只看見事件本身的無奈，而看見事件背後滿滿的祝福，再為其觀念種下善種子，因此有機會在服務時，更用心的給予正確觀念及正向能量，希望好的思維、正確的觀念可以真正傳遞。

正確的思維與觀念並沒有因人而異，這個社會卻因價值觀念的扭曲，常有不同的解讀，於是因緣俱足下成立工作室——淨苑心坊，藉此與大家互相分享與學習，只要有更多人明白，慢慢的一定會影響更多的人改變，加油！祝福大家。

目錄 Contents

前言

很感恩也很慚愧！與菩薩連結十多年，至今卻還在原地踏步，雖然這段期間經歷了家庭親子及各種的考驗，有時感覺訊息不是那麼清晰，以為斷了線就好了，就做個平凡人，這一直是當時我所祈求的；為什麼是我！我只想當一個平凡的媽媽，陪孩子成長就好。當時祂們的回應：回到平凡女，一切步步難。也不是我想斷就斷吧！我還是一直在祂們的監視下活動著；為何如此說呢？原以為已經斷了線回到平凡人，但每次在人生課題最困難最艱辛的時候，菩薩又來到身邊提醒你、保護且支持著你，每每讓我感恩的痛哭流涕。

當時小孩才上小學及幼稚園，傳統的家庭中，是無法容忍一個成天不上班的媳婦，而且還是個「巫婆」！雖然那時常有人請我去幫忙，每一次對我來說都是新的體驗，因為我知道那都是上天巧妙的安排，而我只是個管道，最大的原因還是要對方有福報，才能牽引到我這裡來，給我這樣學習與成長的機會。

當時帶過植物人，幫過精神病人，加護病房急症病人，查病因的因果，是完全不收費，醫院來來去去車錢還自己付。還好當時先生護持著，我知道先生護持我的原因，因為他知道我的壓力，並一直過得不快樂，睡眠品質很不好，連結菩薩後變得很快樂，雖然每次處理個案時，我都會與他分享所有的過程，但始終他還是不明白，我是如何連結、如何聽見訊息看見畫面。但他相信我！是一位善良正氣的人。

在這些個案處理的過程中夾雜著太多的考驗，不僅考驗當事人，也考驗著我的心，當時年紀輕只是一味的想幫忙，因為明白家中若有人出狀況時，不只是當事者辛苦，家中一個植物人，一個病人往往拖垮一個家，當這樣的情況出現時，就是信任專業的醫療。但當連醫療都無法再有進展時，只有期盼：奇蹟。當然我絕不是那個奇蹟，因為此時家人通常亂了方寸；病急亂投醫，給了一些不肖的神棍有機可趁。

記得當時有位媽媽不知轉了幾人才找到我，那還不是當事者，只是同校的一位家長，個案是一位昏迷的植物人，是一位優秀的大三生，已經有一段時間了，當時我心裡很不捨，急忙回電給這位大三生的媽媽，媽媽失望的回答說：我們已經沒有錢了！發生事情後，連醫生都判定為植物人，醒不了了，當時透過介紹找了一位大師，宣稱七天法事完成就會醒，一天五萬，七天三十五萬，沒醒！換了一位大師，稱是祖先的問題，整個祖先風水翻了一遍；兩百多萬，沒醒！現在沒錢了。所以被騙怕了，不收錢的她都不敢相信了！

心裡真是難過，雖然不是每個個案都可以是奇蹟，但至少是個機會，而這機會，也要家人願意且配合。最主要還是當事人是否有福報，更要明白不是你的絕不會發生在你身上，當然有時當事者的確會很不解；為什麼是我。我都還只是個學生？這又牽連到因果問題，所以每次的個案都是依菩薩指示的一一跑流程去完成，所以是要家人配合的，不要想得太難，其實不難，上天考驗的只是一顆心。

話說福報，過程中也會遇到自認是好人，在道場在某宗教團體中很發心很護持，很會佈施。有時遇到不順還是會覺得上天沒長眼不公平。福報、功德，我想不是誰說的算，一切起心動念都影響到我們所做的每一件事，心念不空過，一個不好的念頭都是在造作，天知地知，上天才是真正的觀察覺者。

很慶幸，我的方式一直很自然，也曾一再跟菩薩說：我一定要用最自然、最符合現代人生活的方式來做這些事，不然我寧可讓祢修理。在祂們的眼中我是一位非常不聽話，非常有疑問的小孩，太多的不解、太多的為什麼，但這也讓我徹底明白很多事。例如：我是個膽小的人，剛開始我常請求祂們不要讓我看到鬼，看到我一定會先嚇死，果然我看不到，但我卻完全感受得到。

有次個案是只能平躺，只要稍起身就完全頭暈，頭痛欲裂，急診查不出病因。當時找上我，查出是跟了一位「看不見的好朋友」，後來我將這位看不見好朋友帶出來，當然也是請菩薩將他帶走，當時我身上的感受是頭頂一個大窟窿，整個背部脊錐完全錯位，心想怎麼會有這樣「二二六六」的身體；這一定是被車撞的。當下只聽見菩薩說：是自殺跳樓的！當然我不會痛，但完全感受到它的狀態。有時遇到狀況就心裡喊著：菩薩救命！只聽見，傻孩子，這不歸我管，是某某菩薩所管，當時我只認識觀世音菩薩，其他一概不知，當然後來也慢慢了解自己跟幾位菩薩，還是有很深的因緣，也明白菩薩們亦是各司其職的負責他們所屬的部分，像人世間一樣，各事務所屬的單位不同，都有一定的程序流程。

這些過程中，每當看見有人因此可以得到改善甚至痊癒，內心都感到非常的感恩，感恩菩薩的慈悲，也替這些有福報的人感到欣慰。常想，平凡如我，何德何能可以成為這樣的管道，無論與菩薩的連結或是與沒有形體的眾生接觸，都只有帶著一顆慈悲與感恩的心。

當然也有連菩薩都無法幫忙的，因為因果不昧，種因得果，因果歷歷不爽，既然是該承受的，我們當然也不必介入別人的因果，但對有緣來找我的人，我對他們也有三個要求。

一：對於在這過程中所有給予我們關心、意見與祝福的人事物，無論結果為何，都心存感激。

二：過程中我們曾經祈求過，幫助過我們的仙佛菩薩，無論結果為何，我們都心存感恩，若圓滿順利，希望當事者記得回去答謝，感恩菩薩們的幫忙。

三：爾後，遇到有需要幫助的人。希望可以不吝的伸出援手。

一切功德榮耀歸於上天，歸於諸佛菩薩，感謝這些過程給我的成長與啟發。

在這段歲月中，接觸了不少個案，問題答案各有不同，過程中不少的是因果。前世今生，至今還是有些人不相信，因為看不到；但也有更多人相信。很多的科學數據甚至連腦科醫師都參與研究，並運用催眠方式深入了解人的腦部，的確有著不是今生的一些記憶，即是我們的第八意識，阿賴耶識，也就是我們靈魂中的細胞印記。雖然不信的人遇上了，無奈以對，還是要還。相信的，還是無奈，但面對的態度會不同，無論信不信，除非察覺到每個當下心念的造作，才能真正可以不再種下惡的種子。

業因是積習而來的，習氣不改，永遠都在舊的習氣模式中輪迴著，也只是遇到事情才會尋求幫忙，過了就忘光光，沒有得到好的啟示，無法從痛苦中學習成長，得到真正的幫助。我常常思索這個問題？如何讓人更瞭解這個觀念。

當時菩薩要我專心執行這方面的事，雖然有在做但還是不夠，我堅持陪小孩大一些再說。往後幾年除了上班，陪小孩成長，偶爾還是幫有緣人處理，發現上天的處理方式也一直在改變，過去可能因緣到，當事者誠心懺悔，菩薩就能幫忙調解，或自己唸經迴向或印善書。可能悔改的人太少，多數人還是在物質界中沉迷，所以方式改變了。改變為需要自己去體悟改變才能過關，所以心的教育非常的重要。

這些年，我學會了畫佛像，也經歷了人生最大的低潮與困頓，一路上辛苦的走著，心想；為什麼菩薩讓我幫得了別人，卻幫不了自己，回想我的一生，自認簡單善良，回頭看幾乎都在付出；好像都在還債，最後結果都是遭受誤解，而且時間都很長。心也是不平，但是當經歷過後，都有機會讓我完整的看見我的過去生，一世又一世，那個當下，只有誠心的發露懺悔還有滿滿的感恩。一段又一段，對應著一世又一世的過去生。更了解這些年的苦難，真的只是上天也無法替我擋掉的因果，只好讓我早點面對償還，在我還能承受的時候儘早圓滿它，三世因果一世還，還清了才能更清淨的面對未來的挑戰吧！

三年前一個機會到現在的社區看房子，反正自備款也不夠，看看吧！看也不用錢，誰知道，第一站看了房子，心想狠砍價一下，應該買不到就可以離開，不料；結果卻成交了，就這半小時竟然成交。天啊！錢在哪裡？公車站在哪裡？學校市場又在哪裡？出了售屋中心，沒有喜悅，只有焦慮；接下來，為了不想兩邊繳房租房貸，幸好在家人與好友幫忙下，將新家裝潢的簡單又溫馨，最後連僅有的金飾都賣了才完成這個家。記得搬過去的那天晚上，很累！這兩個月忙忙碌碌像做夢，看見一切好像都塵埃落定才驚覺，我們真的搬到自己的新家了，而且很遠很陌生；感覺像人生要從頭開始一樣。心想：怎麼會在這裡？突然一個熟悉的聲音：妳覺得我把妳丟在這裡有什麼用意？是菩薩的聲音，好久沒聽到了；原來我是被丟在這裡的！

當然人生並沒有因此而順遂，小兒子從小二到高三了，考驗依舊接踵而來，唯一感到最欣慰的事，兩個孩子都非常的乖巧懂事。在這裡是新社區，沒有以前舊社區的凌亂與吵雜，好像心悠閒了些，而一些有緣的人好像也漸漸都靠過來了。

某個機會到龍潭女子監獄去當志工，參加一個讀書會，第一堂課自我介紹時，認識了好友代玉，當時她自我介紹，說自己做諮商工作與天使連結多年了。很好奇！連結天使和連結菩薩有何不同呢？有次下課與她聊了一下，要離開時，她跟我說：明雪，妳都已經俱足了，趕快出來做，快出來服務。我說做什麼？她說：妳經歷那麼多的事，了解那麼多的真理，觀念那麼清楚明確，天時很緊急，地球愈來愈亂，還不快出來做，難道要那些神棍騙財騙色，人們受傷害，再去消除他們的靈魂印記嗎？我說：代玉，妳為什麼這麼說？是妳的天使告訴妳的嗎？她指著我的頭頂說：是妳上面的菩薩說的。

從此，我與代玉成了好朋友，她非常的和善、非常的用心，有時又純真的像個孩子。我畫了一幅觀音畫像與她結緣，她開了天使課程邀我去上課，就這樣我與天使聖團正式連結了。原來天使與觀音菩薩屬同一體系，更明白我們都是來自同一個神性的源頭，我們都是一家人。

經過這兩年的不斷學習，連結到更多的過去生與不同的學習領域，更加肯定原來過去生的經歷無論好壞，的確對今生有很大的影響，說是宿世善根也行，靈魂印記也行，當那個經歷或當下的念頭沒有得到圓滿的處理或療癒時，都會再次的帶著它轉生到下一世，所以靈魂的旅程將愈來愈沉重，愈來愈辛苦；無論好的不好的只要執著、著相就都是沉淪在痛苦當中。人生不苦，人生不應該是痛苦的，只因內在業感不斷的在境界中升起相應，不斷造作才會痛苦。因此才興起，想將之前個人體驗的一些過程與大眾分享，時空背景不同，與現在的處理方式也有不同，不變的是真理、是真心懺悔與覺知覺察，並覺醒的以行動去改過修正。

一 結緣

領悟簡單的寧靜快樂

結緣

十多年前的我是一個再平凡不過的女人，今天並不代表我不平凡，只是多了一個身分——上天的女兒。

十年多前的某天晚上，先生的五姐和二姐因身體多年病痛本想開刀，經由有緣人介紹到了師兄那裡，結果要開刀的二姐情況好很多，不開刀了；但連坐都有困難的五姐，聽說還沒輪到她，就嚎啕大哭起來，大家嚇壞了；但師兄卻老神在在的告訴二姐，一些相關的注意事項，並告訴她要她別怕，這就是所謂的接到緣。在這之前五姐命運乖舛連婚姻都磨掉了，她自己也知道要修行，但總是不得其門而入，其間也曾問過因果、排過紫微、大小宮廟祭改、當過義工去服務，甚至密宗、通靈，可說試過人類所有可能的方法，金錢更不計其數；或許像她自己所講的業障重，但今天才知道是緣未到，很多事情的確也需要機緣。

就這樣展開她七七四十九天的閉關期，這段期間因為回來家裡住，所以身為弟媳的我，雖擔憂害怕，但也無奈的陪伴其間，除了全家生活多少受影響外，背負心理壓力最重的應該是二姐，因為是她帶五姐去師兄那裡的，婆婆每看到五姐，總是擔憂的眼淚汩汩的流。其間五姐常會有一些無法解釋的情況發生，有時像古代美女神韻，講的又是聽不懂的靈語；時而又說她是觀世音菩薩，雖然我們看不懂，但她又像是知道很多事，看人時就知道此人的事，還知道身上有什麼病痛，只見她嘴裡唸唸有詞，雙手比劃比劃就可以治病，我多年的眼疾就是在這樣比劃下，像被拔除般的頓時舒暢了，據說是菩薩附身來渡人。

有時我們若覺得奇怪，就去電請教師兄，有時候師兄的解釋，我們還是不懂就讓五姐和他用電話交談，只見五姐用靈語嘰嘰喳喳講一講就把事情搞定了；但是也有無法搞定的時候，此時她就會要求到師兄那裡；據說，那裡氣場好磁場強，會有仙佛直接教授才能幫她度過難關。說實在的，雖然我很排斥且害怕，但還是司機兼陪伴的最佳人選；就這樣和師兄與仙佛結下了不解之緣。

就這樣，第一次到了道場，師兄看到我跟我說：「妳沒什麼業障且還和菩薩同修」；我表面上笑容滿面，但心裡卻想，修不修干你何事，我聽你在放……………因為很害怕，所以心牆築的很高，反正就是排斥。事實上也不知道所謂修不修的，只是常年早齋，心裡無時無刻就是觀世音菩薩聖號，講話時就像有襯底音樂一樣還是聖號，因為自己從小睡眠就不佳就是靠聖號來幫助，有了小孩後唸得更勤，只相信這樣小孩會更乖更好帶，這一唸就十多年。

來了一、二次後很好奇，為什麼會有這麼多的人有問題都來這裡問事，每次都等好久，且師兄總是不厭其煩的解釋而且不收費，說實在的，來這裡的人彼此都不認識，大家卻都很客氣，所以慢慢心防也放下。其中有一位師姐，聽說與這裡結緣已有一段時間了，而且還蠻厲害的，看她穿著素雅卻是高檔貨，手上的手錶也是價值不菲的鑽錶，好奇心驅使，便向前和她聊聊天。

她說：以前的她是位生意人，但十七歲時就能感應另一個空間，也就是「通靈」，但她就是不要，就是反抗，這下可好了，金錢、婚姻都磨掉了，到頭來還是跑不掉；還是要面對，她反問我為什麼來這裡，我連忙搖頭搖手說：我和妳們不一樣，我是陪姐姐來的。她笑笑說：不要說不一樣，妳有一條靈是觀世音菩薩。晴天霹靂！怎麼會這樣呢？好像被說中心中所擔心的事，聽說她有「天眼通」，會不會看錯？和師兄說的又吻合，自己唸聖號也有一段時日了，該不會是真的吧？

幾天後的一個夜晚，睡到半夜，突然發現，自己的手在半空中搖晃，是那麼的不自主，卻和五姐在做功課沒兩樣。媽媽呀！難道害怕的事情真的發生了，不會吧！

就這樣幾乎每晚都如此，睡眠品質卻出奇的好，以前睡覺總要唸聖號才能好睡些，且常常惡夢連連嚇醒自己，現在都好了，心情快樂的不得了；而且五姐身體也好了，所以先生並沒有什麼反彈，當初五姐有一些很玄的事情發生，他也親眼看到，平時對拜拜神佛這些事總是不信，總以為心存善念不要害人就是了，有病就找醫生，就這麼科學，哪會想到這些事情會發生在自己身上；雖然先生沒反彈，但我還是反抗、掙扎就是不能接受「為什麼是我」？

很快的，五姐閉關期結束了，就在農曆七月，聽說月底有一個法會，師兄要我們自己去買一套白色道服，我心想，我才不要，為什麼要穿道服？我和你們又不一樣；但是看別人都買了，想想不妥當，自己也去買了一套，那位賣道服的老闆娘說：「她賣這種衣服四十年了，沒看過像我這麼年輕的」。我忙搭腔說：「是嗎？」她又說：「其實假如自己有這樣的使命，早一點走，路會順一點，常有人來買道服都會跟她們聊，多半是一些歐巴桑，總是磨得很慘、什麼都沒了才找到自己的緣，才肯去走，去修，妳這麼年輕（其實不年輕只是看起來還好）真幸運，懂得早走早出頭天，早修早了業。」對方還祝福我，但道服還是不二價。

法會快到了，上面教的功課也越來越多，學不學你沒得選擇：法指、無形經文什麼都有，雖然以前根本不懂記不住，但是心中總有似曾相識的熟悉，所以要用時就能派上用場，就像讀書一樣，真玄！雖然如此，我還是沒有完全接受，期間偶爾也去師兄那裡，他總笑著對我說，你的靈都跑來說，妳很不乖還在鬧脾氣。天啊！怎麼他都知道，快被打敗了。

農曆七月底法會到了，還在星期五、六、日，一連三天，第一次參加這種法會，還要穿上白色道服，自己怪不好意思的。早上師兄將有報名的祖先牌位請好，會場前一天就差不多就緒了，我是新手什麼都不會，就幫忙吊蓮花。

會場中除了有祖先牌位外，還有用紅紙寫上的幾個牌位例如：三軍將士、各姓祖先、無主孤魂……等，看著看著，竟然就站在無主孤魂牌位前，眼淚汪汪的流，下意識感覺到這些無主孤魂們，身體都有病痛或缺手或斷腳，相當可憐；雖然我看不到它們，但是它們的苦是如此感同身受，接著我就帶著它們到後面的草藥堆，就這樣在草藥堆中走來走去，口中唸唸有詞（自己也不知道唸什麼），但心卻慢慢覺得好多了（其實我身體並不會有任何不舒服，但就是能感應它們的痛處，真是太神奇了），自己靜靜坐在旁邊休息，回想剛才的情況才恍然大悟，這不就是醫病嗎？

連忙去問師兄，他說沒錯是醫病，妳的職責就是這一科。我頓時呆了一下，心想我如此平凡，何德何能，可以做這麼神聖的事，可以幫助那些看不到的靈。終於我臣服了！我跪著跟菩薩說：請原諒我，如果能夠幫助這些可憐的靈眾生，只要讓我走的自然，我願意盡力。

回家後告訴先生所發生之事，也都覺得神奇又感恩，要他第三天也去幫忙盡一己之力，就這樣，第三天的大法船，就由好多這樣有心的人共同推去海邊。第三天來了好多要參加祭拜的家屬，中午突然叔叔和嬸嬸來，從小和大家都住在一起，他們都很疼我，這次我也替我們祖先報名法會，但沒敢讓他們知道，只告訴媽媽。

叔叔一看到我只笑著跟我說：妳什麼時候學會這個，我怎麼不知道。我也笑笑說：沒有啦！我自己也不知道。我反問他，你們怎麼會來呢？他說早上約五點還在睡覺時，做了個夢，夢中我的阿嬤（也就是他的媽媽）和一些祖先們身穿白衣對他說：今天好高興，要去參加法會，要叔叔一定要來看看她，就這樣醒來後，打電話問媽媽才知道我們有參加法會的事，才會來到這裡。事情就是那麼奇妙，無論信不信至少不用再多解釋，感恩阿嬤的幫忙，從小她最疼我，就這樣法會在這麼多有心人的參與幫忙下，順利圓滿落幕。

這就是我結緣的過程，比起其他的人算是相當幸運的，現在的我除了感恩還是感恩。

二

問題

菩薩生氣了！

一：為什麼是我？

為什麼是我？困擾著剛結緣時的我，也同樣困擾著某些人。對！為什麼是我？原因很簡單，因為你天生就和別人不同，哪裡不同？說不出個所以然，只能說或許這些人很特別，特別好，或特別壞，所以當上天將我們下放到人間來的時候，都有特別做了記號，就像小時候有一種釣糖魚的遊戲，一束棉線的另一頭綁上糖做的魚，你要從線頭拉上來後才知道，釣到的是條大魚或是銘謝惠顧，上天手上的那一大束棉線中，有些是特別做了記號的，用的是不同顏色的線來分辨，而偏偏特別的你又是那最顯眼的顏色，甚至是亮眼的金色，哪裡是你逃得了的；經過幾世的纏繞，雖然線頭仍由上天握住，但線的另一端早已因累世因果業報纏繞、打結；而那些因果業報也催促著我們，所以總須理出頭緒，循著線，解開結才能找到線的源頭。

而上天的一束束棉線中，也有實在剪不斷理還亂的，最後只有放棄，當然在放棄時就只能好壞一起放掉，剪刀一剪，無論什麼顏色的棉線都斷了，這就是共業，當然這時好壞、顏色就很分明，上天再將祂要的挑起來，其他再依個人業報分發輪迴。所以只是時間的快慢，緣來得早晚；還是你，就是你，別懷疑，逃不掉！

或許因為天生就是不同，就像有位超級巨星麥可，聞名世界，是位黑人，正當所有黑人引以為傲時，他卻不認命的去全身漂白，白的比真正的白人還白，終究他還是位黑人，不折不扣的黑人，血液中流的是源自父母親的黑人血統，膚色白了又如何，他就是位黑的發亮的黑人，與生俱來，就是你改變不了；何不接受它，以黑人為榮，做個樂天的黑人。凡事轉個角度，換個心態會更圓滿。

雖然當年用了這些引喻，現在看來並不是那麼貼切，但那也是讓我們明白，無論你如何改變，無法改變自然法則。從哪裡來將回到哪裡去，即便一再的輪迴著，有一天終將回到靈性的源頭，金線只是不斷的在提醒著我們，早日去除無明、去除污染，早日找回那個純淨無染的真如本性，那個內在神性光明的能量。早日踏上光的道途，回到光的源頭。

當時有人問我，這樣的妳，這樣的自己，妳喜歡嗎？我不假思索的告訴她：我不喜歡！沒有人會希望自己和別人不同；但是會這樣是需要因緣的，還有，不是妳的求不來，是妳的跑不掉，所以當是我的時候，我反抗，我排斥，我放棄，曾試過人類所有的方式去抗拒過，無奈，都沒能成功；反而讓上天在一次次的巧妙安排下，感動的心服口服的接受祂，現在，我不但誠心接受，更感恩上天的厚愛。當然，畢竟我還是個平凡人，是個十足的現代人，我雖接受了祂，但選擇了用最自然的方式，最現代的方式，希望能讓時代所接受，更讓訊息與時間去相互印證，證實另一個空間，祂們是存在的。

或許是上天的巧妙安排，在生活中常會遇到一些有緣人，這些人多數是年輕貌美，有已婚，有未婚，總有一個特點，就是心有千千結，旁人甚至家人總猜不透，她們為何老是心事重重，年輕、貌美、又幸福的，還有什麼事讓他們如此困擾、無奈呢？總覺得沒那麼嚴重吧！都是庸人自擾，自己想出來的，自己嚇自己嘛！

每當遇上這些人時，心中總有百般不捨、心疼；因為我知道，在他們的內心世界是多麼的空虛、無助，又因如此循環的在翻攪、運作，因此身體總是病痛不斷，長夜漫漫，失眠是家常便飯，但也都檢查不出有什麼毛病，醫生常會說：是壓力大、憂鬱症、燥鬱症等，就這樣，日復一日，生活對她們來說，是一種折磨。當然也不全都那麼慘，總有讓她們有所寄託，美好的人、事、物在周遭，有的還好有家人、孩子的陪伴支援，但有些人，的確可能在思緒找不出平衡點時，就想一走了之，尋求解脫。

這世間中，每個人的角色不同，每個人身上內在的特質自然也不同，這內在特質就是業因，無論好壞它的確儲存在我們的心的深層中，影響著我們的一生；而外在都只是內在的投射，但要如何去幫助他們走出這個囹圄，找回他們的自信與快樂，的確相當難，我們都知道，這除了自己要想得通，看得開以外，似乎沒有其他方法，但是大家可能不知道，這些人最大的特點就是，凡事想不開，最會鑽牛角尖，凡事總是往負面去思考，總是想到最壞，最不幸的那一面；我是過來人，所以我了解其中的苦，其中的無奈和無助。

或許，對他們不需要同情憐憫，但需要時間與支持，基本上，他們的心理常是受傷不健全的，需要時間來帶領他們放開心房，走出自我限制，找回自已。而常有人在這樣的過程中會有很多狀況，有些會自言自語，有的成天鬱鬱寡歡，有的一反常態性情大變，像換個人似的，有的老覺得有人在跟他說話，有的酣睡，有的打嗝不停，有的長年病痛纏身，不了解的就是送精神病院，一旦日子久了，也就定型了，沒救了。其實很多都是自己的靈體在催促，希望盡早回到純淨光明，因此給你一個起頭，一個病因，讓你去找到自己適合的方法，找到自己的源頭。

為何尋源結緣呢？一個生命的誕生，一個靈體的延續，我們從不知先前自己是如何，自己的前身又是怎樣，總是在年歲漸長，或遇事不順，或病痛折磨纏身，或某機緣下受高人指點，或自己自然接觸某宗教信仰又突然發現，自己對它是如此熟悉，似乎就像是自己駕輕就熟的事物一般，甚至還會聽到、看到一些別人看不到、聽不到的事物，這就是所謂先天的帶天命，也可說是無論是發願或帶罪來到人間，都須多做些有意義的事才能功德圓滿。

因此當這些人出現某些狀況時，通常會被認定為「阿達」，因為他是不自然，不自在的，當然經過這些年，也了解的確有很一些敏感體質的人，內在的靈魂真的是等不及肉體慢慢來，或有特殊使命者，真的狀況會很特別，會有靈逼體的靈光病產生。

又因為很多問題的出現，有些自認高人一等的大師自然也一一出現，但請注意，這樣的問題最重要的還是自己，並非要花用很多的金錢就能達成，這樣先天的，無形的它，像空氣一樣自然給予，一吸一呼全靠你自己，只要你願意，它是不需代價的，因為是無法計數的，若可計數的代價，相信你買不起！

環境是硬的，心境是軟的，而如何跳脫自我心結是相當困難的，此時需要親情的支援，可信任的倚靠外，最重要的是自我的堅持，還有心念絕對要正，正心正念，誠心慈悲的去接受，並在日常生活中去覺知，以智慧為前提下行八正道，行六度波羅蜜，而非依靠大師的幫忙，如此才能真正放下心防，敞開心胸，真正走出自我的心牢，讓心靈找到屬於自己的所在。

有人常不解，為何這樣的事發生在自己身上呢？還是無法釋懷；首先我會說我所遇到的一些情形與結緣後的種種不同，讓他們先感覺出我的真誠，我的自然，我的快樂。再則請他們先不要急著排斥，可以先觀察看看，就像我當初一樣，當你感到可依靠可信任時，再去接受去感受，畢竟，當你身體不能做主時，你什麼也做不來，什麼也不是，不是嗎？

道所以玄妙，因為看不見，法無定法，適合自己就是最好的法；法是自然法則，法是無常法，不昧因果，法是適用於普遍大眾；不是指某一種特定的宗教，或信仰，只要它可以讓你真正身體健康，心靈有寄託，心情樂觀快樂，它就是屬於你的真道、你的法、你的緣，甚至是你的「源」，可以讓你順利平安就是一條好的路，你就用心持續走下去。

這條路上除了有心，持續力要夠，不可三分鐘熱度，一旦平順就忘了當初，將來所受的苦絕不是當初所有。

唯有修道者，能脫事俗煩，能自昇自得，領悟簡單的寧靜快樂。

二：為何會靈動？一定要嗎？

結緣的過程中，有些人會靈動，當然有些人會動但不想動，動不動，要不要，無所謂，就像前言所說，很自然，強求不了，能動，該動；但被自我強控制下來，身體一定會很不舒適，久了就病痛纏身，那天上天真生氣了，不論你要不要，就不是你可以控制的，所以還是一切順其自然，畢竟是你的跑不掉！

在靈動的過程中，你會感覺有一股無形的力量，帶著你做很多動作甚至很多事，此時你的意識完全是清醒，意識不清醒或無意識就是錯誤的；那就被附身是危險的。有些動作，更是平常的你無法達成的，有時一做就幾個小時，是很辛苦，事後你會發現；奇怪，當時哪來這些力量和體力，而感覺身體竟是一身輕，很舒服！箇中滋味，只有親自體驗過的人才能了解，這就是調體，是讓你藉由肉體讓靈體與上天做接觸的第一個感應，也是新生訓練的第一步。就像既然你是一位交通警察，就應接受訓練，將所有的規則手勢學習好，也才能盡責，否則就會交通大亂的道理是一樣的。

有人會問，一定要這樣靈動嗎？我並不知道有無其他方式，但依我個人的經驗，在調體靈動的過程中，似乎自然就會明白，下個動作是什麼，或是什麼意思，我想這就是自己與上天之間的默契，我們將會明白這些動作指令，也才有辦法去執行，也才能運用自己的肉體去替上天做一些事，來消業積福報。所以有使命的你，這樣的過程是必經的，認真用心，過程很快就過去，無心的，就一直停留在初感應時的感覺，就像螢火蟲一樣，身上有個小小的光，一眼就讓那些無形的好朋友跟上，天天為伍無法擺脫，終日被干擾，自然心神不定，身體不適，路途不順阻礙重重。

靈動有時是一個必經過程，有人會轉圈圈，有人會像打太極般的打拳，這樣才能將基礎的靈轉出來，一關一關往上，你靈的層次才能提升，才能擺脫低能量靈的干擾，接到的才是高層次的訊息。過程並不輕鬆，西方也有將旋轉方式當成一種修行，就是蘇菲旋轉，是一種定的修行，近年台灣也有，聽說也用在癌症病友，讓他們藉由旋轉功將不好的細胞病痛與負能量，通通轉出來釋放掉，也是一種提升。

我常跟特殊體質或敏感體質的人做一個比喻，我們人和天與地是三個上下排列，由上而下天、人、地。天就是上天諸佛菩薩的境界，人就是人世間平常人，地就比喻為較低能量的那些眾生，三個區塊很明確不互相影響。但如果你是敏感體質或特殊體質的人，在天、人、地的中間又多了一段灰色地帶，此時你靈的層次，也就是你能量的高低就很重要。因為它決定你感應或連結的是天或地的區塊。

我的經驗是，剛開始上下都接觸得到，因為是整個人有些部分是處於灰色地帶的區塊，與上天連結時，感應得到但，訊息不清晰，遇到低能量的眾生也有感應，但訊息還是不清楚說不出個所以然，卻感覺得到，往往那個感覺會讓你很不舒服，想吐想哭很不自然不舒服又擺脫不了。你無法改善，甚至更糟，一些不自然的現象就會一一顯現，例如：打哈欠、流淚訴苦、打嗝等，我想這些不自然的樣子，都是我們當初排斥的原因之一，只要跳脫出這些較基礎的階段，就會愈來愈自然。

我身上雖沒有這些現象，但與地的灰色地帶感應絕對是必經的。曾經遇過一位朋友，她說她阿嬤很厲害，只跟菩薩溝通不跟鬼溝通。乍聽之下，好像真的很厲害，但是想想，我們只是個管道，只是接受菩薩的指示，透過你這個管道往下幫助它們，你不接觸感應溝通，如何幫助它們？而唯一的辦法就是自我提升，將自己往上提升，你越往上提升連結的層次就愈高，訊息就愈清晰，離低能量就愈遠，它們干擾不了你；而你卻可以，向上請法向下感應的去幫助它們。

與上天的連結，除了天生就有特殊的天命之人外，每個人其實都可以做到，因為我們本是俱足的光明清淨真如本性，就是圓滿的神性、佛性。本應與上天光明能量相應。只因經過累生累世的輪迴染污，純淨的能量已無法發光，甚至污染著遮避到找不到自己了。所以這樣的回歸，循線找源頭就是修行的路，是讓我們一次又一次的覺知覺察，並改過修正，才能像剝洋蔥般，一層一層的褪去，像煉金術般的將土礦一點一滴的清除，才能見到純粹的金。

而提升自己，剛開始要除了接受一些動態的功課，將心表層較粗糙的污染去除，靜態的靜心是非常重要的，因為唯有在靜心的狀態下，身體意識才會放下來，此時靈魂意識即心的深層，也就是我們的淺意識才會上來，並藉由靜心的能量震動，淺意識中的業感慢慢的讓它升起，再藉由覺知感受將其釋放，這就是靜坐靜心最大的功能，靜心是一種定，也是一種堅決與毅力的訓練，靜心的當下只是靜心，不論起來的念頭是什麼，就只有靜心，所以佛來斬佛、魔來斬魔，無論當下是好的感受或不好的感受都不貪著，只有內在正心正念與當下的靜心，不隨之起舞，有任何升起的念頭就讓它像風一樣的飄過就好，不再與其相應，更不起習氣反應，自然就會消融淨化了。

所以動態的學習，個人認為只是階段性的訓練，用心學習停留的時間不會太長，靜態的靜心才是進階的學習，所以自我提升是必要的，也只有動態的學習過關，才能往上提升；因此過了動態的訓練後，一般初感應的一些狀況如：打哈欠、打嗝、流淚、哭訴等，就應該改善，甚至完全消失了。我們看過哪位大師處理事情時，還流淚打嗝打哈欠的？並沒有，當然還是有很多人的方式是如此，在此絕無輕慢之意，因為每個人的方式不同，法無定法，適合自己就是最好的法。只要是自利又利他，都是好的法。

我們了解與上天菩薩們的連結，或與較低能量的連結，都只振動的波不同、頻率不同而已，上天的波，細密精微振動穩定柔和，低能量的波，粗糙振動不穩定且不規律，所以當連結時就只是呼吸換氣的調節，我們的能量不夠細密，在沁入時轉換不了，粗糙低能量我們又無法調節，所以雖有感應，卻是接收不良、氣不順，猛打嗝流淚。因此也唯有在靜心的狀態下才能轉換，上天的能量才進得來，宇宙最高的神性智慧才能流入我們。當然這樣的過程需要時間的學習與自我的用心，日常生活覺察，自己起心動念也是非常的重要。

三

訊息

真假若無分明起
枉費人身空給你

訊息

與菩薩連結後，就開始一連串的學習，當時自己也搞不清楚，常常腦子裡突然有個畫面，接著就是心中出現聲音；因為聲音都說台語，有時遇到的個案說國語，就要即席翻譯，所以習慣性寫下來，再說明。

訊息

人生本是一場戲
真真假假來演起
若將真戲來當假
此去人生絕不幸
若將假戲來當真
人生好比耍猴戲

真假若無分明起
枉費人身空給你
真假若能分明起
人生自然光明起
人身才能相助起

是的，訊息對我們來說是一種考驗，真真假假都靠自己智慧去判斷。假戲當真，真戲當假，常常被耍得團團轉，因此訊息的判定，對我這樣一個新生來說更是困難。

記得剛結緣兩個月，就接得到訊息，就會通，別說別人不信，我自己都覺得懷疑，甚至會害怕；就是因為不懂。又因為每人的訊息都不相同，請教別人不一定是正確的答案，所以就是：「要自己悟，悟出就是你的。」因此只能靠自己，所以不懂的我，只能自創方式去印證。

剛結緣時，祂們教我教得很勤，我不學都不行，記得有一次法會前，那天要我別出門，要將法指教會我，我說：不行，今天很忙。祂說：不會有問題的。我還是不肯，於是還沒吃早餐的我，竟開始拉肚子，跑了幾次，從來我就不會想太多，拉肚子每個人都曾有過嘛！反正上班的地方有廁所，怕什麼。正要出門上班時，突然胃部抽痛，這下不行，因為只能窩著才不痛。等孩子、先生都出門了，我也好了，就這樣教了我一天，果然十隻手指頭，彎來折去的變化還不少，現在要我比，我也不會；但每次要用時就會自然比出，還不會弄錯，慢慢也就知道某些用法的意義了，強迫性的學習還好，有些只是靠訊息的傳遞，就真要靠自己去體悟與判斷了。

因為我看不到，每次祂們來時，我無法確認真假。但心中總是會用靈語，說個特定的聲音，而這聲音加上自己的感覺，再配合上訓文上的署名，發覺靈語說的就是祂們的稱呼，對祂們得稱呼；當然這只是我個人的判斷，有時在師兄那兒，仙佛來時，有些師兄師姐們看得到，也會用靈語來說話，這時就是我印證的最佳機會，漸漸來的仙佛菩薩們我都能分辨，有一次，有位師姐問我母娘怎麼稱呼？觀世音菩薩、地藏王菩薩……等如何稱呼？我不假思索的說：母娘……觀世音……地……等說完時才想到，不知對不對呀！那只是我自己的方法，說不定是錯的，語畢，訊息來了！

祂說：明雪，誰教妳這麼說的？心想，糟糕！果然是錯的，我說：歹勢啦！我自己想的啦！假如說錯了，請不要見怪。祂說：真棒，完全沒錯，妳有用心，很好。終於自創的方式也得以印證了。我算是幸運的，關於訊息的真假分辨問題其實很多，某次上經文課時，我說了自己的經驗，發現有很多人還是對真假的判斷上有很大的疑問。

我想仙佛菩薩也不是沒事做，所以祂也不會常常來，而來的也一定不是本尊，不然全世界有多少人家中有觀世音菩薩，哪一個才是真的呢？其實都是真的，都是分身，只是祂們也分等級，就像總統發佈一件任務下去，所有總統下面的人都在執行這項任務，而這些人就是分身，當然也有冒牌貨，我們該如何分辨所接收的訊息來源為何？全看個人修為與心念的善惡，修得好自然接觸的層次就高，修不好或沒有修的當然接得層次就低，也就是你的能量振動的頻率，與那個層次相應，物以類聚同波同頻才接收得到。

也會有不同空間眾生，會來假冒成這些分身，來湊熱鬧，亂搞一通，心念不正不懂分辨的，就會被耍的團團轉，甚至走火入魔，瘋了。而接的層次高低是漸進式的，是可以去爭取的。就像公務員一樣，從基層做起慢慢往上爬，當你做的很好，吸收很快，在這過程中，懂得實踐於生活，熱心盡責，自然會在上天的肯定下，將你升官，又升一級了，在日常生活中的種種考驗過了，又升一級，自然愈爬愈高，所接的訊息層次也就愈往上，而這些升不升級的問題，我們也不得而知，舉頭三尺有神明，都由我們自己的三尸神通報，由上天鑑定才算數；不僅行為會通報；連心念都算數，因為「心念不空過」，連壞念頭都不要有最好；因此多行善準沒錯。

這樣的訊息相通，因為時空的交錯，常常也會接收到第三空間的訊息。剛結緣不久，一次過年前辦年貨，與一位師姐去買糖果餅乾等乾貨，我試吃著魷魚絲，她說：那魷魚絲在求救，說它好苦啊！淪落水族類當魷魚，被捕被殺又被曬成乾，現在又被撕成絲，一絲一絲的，就要被吃了，它的一世也過了。天啊！差點噎死我，我說：真的還假的，那我還敢買嘛？

過完年，天氣還是很冷，上下班騎機車，總是包得密不通風，某晚回家的路上，突然聽到有個聲音叫苦，左右環顧一下，車子來來往往，也沒看見什麼，又聽到它說：苦啊！苦啊！我好苦啊！我說：你是誰？

它說：我的頭被砍下來吊著呢！心想：喔！難道你是……，話還沒說完。它接著說：對啦！我就是剛才妳經過看到的那個生宰土羊！（小貨車賣生宰土羊肉，還高掛一顆張大眼睛的羊頭）

我說：你辛苦了，沒辦法，這一世你就是隻羊，他們實在不該如此待你，也許是你們之間的因緣；但沒關係，你這一世也算過了，將來不論到了哪裡，一定要好好修，才不會再這麼辛苦來輪迴。說完就祈請菩薩慈悲把它帶走，果然，咻！一下就不見了。

這些是真實的經驗，就像很多人到了市場上，看到殺雞殺魚的就會難過一樣，並不是要大家都吃素食，每人的因緣不同，有的人可以常年茹素，有的人一餐沒看到肉就發慌，就看自己如何去看待，吃素是為了建康是長養慈悲心，不再與它們結下惡緣，全看個人如何去調適。

有位媽媽說：女兒常可看到第三空間的東西也會說天語，興奮的來電說：女兒好像會通了，有個三太子來告訴她，他沒有武器，不能夠去斬妖除魔，要女兒幫他安金身，買武器，問我怎麼辦？我說：對不起，我沒遇過這樣的情形，但若是真的三太子，上天要派他下來濟世救人時，應該是萬全具備了，功力也夠了，才會下來吧？總不會連武器都需要妳幫忙去買，妳假如真相信了，安了金身買了武器，叫誰來用，他若真有本事，還是要藉助我們的肉體才能去執行，妳一個年輕小女孩，這樣不是很奇怪嗎？千萬別被這些外靈的冒充給騙了。不理會就不會再來了。果然，一語戳破，就不再來了。

常常有類似這樣的情形發生，包括在大廟中，甚至菩薩的案前，這樣的狀況就好像一大群幼稚園小朋友（第三空間）在一起玩一起學習，老師（仙佛）就高高的坐在上面看著，一大群孩子中有好有壞，而我們又因時空交錯，也常會參與其中但不自覺，尤其是初期會感應的人，此時壞的孩子在誤導你時，若不懂分辨就易走偏，走火入魔。而那些好的絕不會雞婆，只會靜靜的做自己的事。是否有人會問，那老師（仙佛）是坐好看的嗎？難道祂們不管事，任那些壞孩子胡作非為嗎？當然不是的，除非他非常的過分時，老師才會請他出去，但自己的心是最重要。一再的提醒，心念的善惡與自我的提升決定你相應的層次；否則，他可是會幫老師，出考題來考人的，這時訊息的判斷，就是智慧的考驗，也是考關。

通不通求不來，有人修幾十年沒感應，有人幾個月就通，也有人突然通了，這有關此人累世的修為，有的累世有修，駕輕就熟，有的是須行功立德來還債的，而不是有錢就買得通，若真靠人為方式去讓它通，肯定通的層次，僅止於無形的第三空間，而非高層次。高層次的接觸，雖與累世修為有關，但這一世的行善功德福報累積，個人的心念與作為也息息相關，是漸進的提升。

在一次探討課程中，曾經有位師兄剛會通，常會有訊息來，他說：菩薩常來要他做功課。當然，做功課是好事，有助靈的提升，但他的菩薩卻一天來好幾次，每次來很久，都快把他累壞了，他倒是很配合，不敢怠慢。大家想，這樣對嗎？當然不對，菩薩沒那麼閒，也沒那麼無聊，而是一些外靈在戲弄他，大家還排隊輪流等著；等你玩好了，換我，就這樣，不懂分辨真假，不但沒能提升，還被當成猴戲耍，所以此時一定要懂得去分辨，感覺不對就該停止，或許今天沒有透過這樣的探討時，他就一直下去，將來變化如何，沒人能預料，但絕對是我們不樂見的。

還有一位，每次去了不同的廟，回家後總有一些自稱是廟裡的神佛來教他，角色一個接一個換著，他自認很有感應，不久，不行了，一間廟來三個，三間廟來九個，累壞了；所以就學乖了，哪裡都不敢去，當然，這也是個冒牌貨。另外還有一個，每到一處，神佛菩薩就叫他來案前替祂唸經，廟中常有前殿、後殿，每一殿又是兩三位仙佛菩薩，所以還是一殿一殿的輪著，一個一個的唸經，每次一趟下來，一、二個鐘頭，這樣對嗎？當然不對！真正的仙佛菩薩，哪會缺這些經文，就像人間一樣，一位德高望重的長者，怎會伸手像你要錢呢？當然又被騙了。我們只需以很虔誠的心，很有禮貌的上個香或鞠躬或合十敬拜，就像很有禮貌的與長輩打招呼一般就好了。

如何擺脫這些外靈的干擾呢？就是不理睬，它們覺得你騙不過，無趣了就不會來，而如何去分辨呢？找懂的人探討是方法之一，還有，就是以現實面去想，我們都須工作，我們也有自己的時間性，菩薩也不會「英英美代子」，而且還只調教你一人。再來就是自我的提升，等你的靈慢慢進步，慢慢提升到某個程度時，那些幼稚班的小朋友就拉不到你，想跟你玩就沒機會了。

曾經有位師姐，遇到一些不如意的事，哭的很傷心，後來母娘就來安慰她，要她別再傷心了，還告訴她說：那我提前帶妳回瑤池好嗎？傷心的她一口允諾，就說好幾月幾日，就來帶她回瑤池去了，她很平靜還有些高興，終於有人了解她的苦；但是家人可慌了，問師兄，問朋友，這樣對嗎？當然不對了！不是說百善孝為先，父母都還健在，而她卻要和母娘回瑤池去了，讓白髮人送黑髮人，「孝道」擺在哪裡呢？當然這又是冒牌貨，人在無助虛弱時最容易被趁虛而入。

這世界本來就是真真假假，只要自己心頭定，自在身、自在心、自在行，其他不必太在意太執著，自然就好。

無常是人生
無奈是人生
逆境是人生
人生幸人身
人身好修行
好好來修起
才有好人生

人生就是這麼多的無常、無奈和逆境，常常在現實生活中，受到打擊與磨練，所以當另一個世界可以與你相通，自認可以了解你時，就會投入甚至沉迷，遇困難時就會想往那裡靠，尤其當你在那個感覺裡受到愛護，得到肯定時更會陶醉於此。會通之人最怕沉迷於感覺中，因為那個世界或許真的有，真的可以回瑤池，但是，還需要你先還清所有的「業」，了卻所有的「願」；更要功德圓滿，才有這樣的機會，一念即是天堂一念即是地獄，當下的心決定你的境。那只是一個虛幻的世界，一個幻境現象，所以還是得回歸現實面去做才是實際。

可能會有人問我，妳的訊息都對嗎？妳都是仙佛來教的嗎？當然我也不能肯定，在這一路上，一定會有很多的狀況，我只能說：我很搞怪，相信感覺，而真正的仙佛菩薩來降時，身體的感覺是輕安的，心是很寧靜的；自創的辨別方式就是我的通關密語，一切都對了，「賓果！」，我接受祂的教導，感覺不對時，對不起，我也不是閒閒沒事做，我就不接受就不理。還有一個重要前提，心一定要誠，心念一定要正，所謂：正氣破萬魔。正氣強，任何魔都近不了。

當然也有出狀況的時候，一般的訊息，如口譯傳遞，或我自認合乎常理與現實面就不需再次印證，而其他的訊息多半會印證後，再去執行它，尤其在被誇獎稱讚時，更是懷疑，心想！哪有自己誇自己的，那多奇怪，可能是假的，或是冒牌貨；而被罵時，又很高興，心想，總不會笨到自己罵自己吧？這肯定是真的；就這樣在真真假假中也常被修理。

訊息，除了必須傳遞的才需做簡捷的說明外，有些訊息要讓時間來做印證，有些就是聽過就算了，心裡知道有這麼一回事就好，不需特別在意；就像長輩的叮嚀一般，若真的很迫切，自然祂會再來叮嚀妳。

結緣滿一年後的某天，約六月中旬菩薩來，要我去閉關三天，心想，喔！是嗎？但我記得有這件事，幾天後又說了，於是我跟先生提了一下，但還是再說吧！六月中旬正是孩子期末考，這時幫孩子復習功課，才是重點。七月初又說了，孩子放暑假了輕鬆了，但先生要上班，我總不能說走就走，消失三天吧！小孩還沒安排好呢！於是又來說了：

三天關期已經到
速速安排去圓滿

經過印證，來到道場這裡一切自己來，當時道場一邊是工廠，一邊下午可供人問事，每天來問事的人來來往往。從沒閉過關的我，也不知道該做些什麼？每天早上就換換敬茶，整理神桌、掃掃地，中午就幫忙煮煮飯，平常拜拜的地方，都是大家護持幫忙在整理，服務大家，難得有這樣的機會，讓我拖拖地，服務大家，就像在家一樣很自在。下午如有人來問事，就幫忙招呼，也幫師兄去查查事情，早晚唸一本經，晚上靜坐，靜坐時就會有訊息告訴妳，何時去就寢，就寢前還要燃上檀香，將房間淨過才睡，晚上睡得很好，聽別的師姐說，閉關時晚上睡覺菩薩都會帶出去玩，這一點我倒沒什麼特別的感覺。

很快的第三天過了，早上整理行李妥後想回家了，於是分別到菩薩案前去告辭，告訴祂，我什麼都不懂，來打擾了三天，若有做不好之處請原諒，若還有什麼要我去做的，請菩薩告知，結果在玄天上帝案前時，母娘來了，祂說：

誠心自然自在心
自在修起見分明
紛紛擾擾口業罪
只有靜心判是非
明雪這個好孩兒
要將此話來傳開
傳給有緣的靈兒
早日領悟來做起

觀世音菩薩說：

謙虛才是寶
智慧來悟開
正心正念修
一路都順利

地藏王菩薩說：

渡起萬靈
責任重大
慈悲誠心
可破萬劫
身雖辛苦
心甘如貽

功果加層
上天疼愛
圓滿如意
可蔭父母
家庭兒女
好好修持
早日圓滿

就這樣帶著一雙哭紅的眼睛，和一顆感恩的心回家，結束了三天的閉關。

說是閉關，其實只是讓自己放下家庭、孩子，讓自己輕鬆的放三天假而已，試想，當初若收到此訊息時就去行動，那孩子功課，家裡的安排都不管，那不被休妻才怪，就算修得很好又如何，所以一再強調，一切還是要就現實面去考量。

在這次閉關後，在自我的腦子中，好像多了不少東西，明白很多的事，記得結緣的第二個月某夜在夢中，來到一處景色非常優美的地方，很像中橫天祥、燕子洞那樣美的景色，空氣中瀰漫著淡淡的霧，而那些美麗的山景更飄著山嵐，真是美極了！有好幾個人分別有站著有坐著；各做各的，但每一個都是很悠閒的，其中有一位女生很美麗，長長的頭髮，頭上側邊梳了個髮髻，側坐著用雙手輕輕的撫順著長髮，很優雅的看著美麗的景色，旁邊還站了個小童子，醒來後，還很清楚的跟先生做了陳述，告訴他，那景色有多美，那長髮女生更美，還很眼熟呢！

事隔一年，那種感覺還很清楚，某日菩薩又讓我看了一次，祂說：那個女生，就是妳。我又驚又喜的說：不會吧！是我？又想想那個臉，眼熟的臉，不就是我嗎？難怪那麼熟悉的感覺，那當初為什麼沒發現呢？沒有連結上？或許時機未成熟，直到現在祂才幫我補上這段記憶。

關於我自己，就常在類似這樣的情況下點滴的告知，像拼圖般，由零星到完整，拼湊出妳的前身，告知妳的因果關係，往往就在妳了悟某些事情的同時，印證了前言，讓妳更是恍然大悟，心服口服。

十殿閻君來訓示：

明雪妳是好孩兒

犯了天條淪落起
生生世世間中
這世該是圓滿時
慈悲善良妳福報
母娘菩薩疼惜妳
功果陰果累積起
一切圓滿又順利
誠心渡起歡喜心
十殿閻君疼惜起
父母兒女都受益
一生更加有意義

某日瑤池金母來告知說：明雪，妳有端莊的面貌，很好的口才，加上一顆慈悲善良的心，上天給妳這個勸世勸善的職務，妳要好好把握，好好去做，知否？只要用心，妳可以做得很好，別害怕，上天也會助妳，沒問題的。又開訓文告知：

修得清心又自在
修得歡喜又樂觀
修了自己渡有緣
渡了有緣萬靈渡
有福進了修道門
誠心正氣來修起
誠心慈悲破萬劫
正氣正念破萬魔
修道別無他法寶
誠心正氣慈悲心
修道別無他門路
用心用行來做起

好好共勉來修起
一生圓滿有意義

這篇是要我轉達給大家知道的，讓大家知道在修行這條路上，沒有什麼捷徑，沒有任何法寶；只要本著正心正念、誠心慈悲、用行動實踐於生活中，不但自己修身養性清心自在，還可結善緣渡有緣人，更可幫助看不到的有緣者，只要用心來悟，離道很近；用心來迷，離道很遠，就看個人如何去分辨。

記得剛結緣時，我很反抗，但在我接受時，我說：這麼科學的時代，要我接受這種連科學都無法解釋的事，我要走得自然，否則我寧可不要，讓祢處罰我。我想可能因為都不懂，只是以善的心念去做，卻也通過了祂們的種種考試，所以今日我，也很順利的如願照著自然的方式在走，無限感恩。

一個上天好女兒
難得真道來悟開

腳踏實地來做起
實實在在來行起
上天慈悲來帶起
帶妳一路好行起
一步一印點點真
一生一世用不盡
為娘看了真歡喜
為娘好好疼惜妳
望妳珍惜此善緣
堅心不變來修起
為娘雙手等抱妳

就這樣，常常在與人交談中，就明瞭對方的心思，所以，說出的話自然就對方來說，是相當有建設性的，而這也是在交談的同時，訊息傳遞的結果，一切不需思索相當自然，當然我不會刻意告訴人家，我有這樣的能力，當對方覺得奇怪，反問我為什麼能說出他的心事時，通常我一笑置之，除非真的熟識或很有緣，才會簡單提一下，所以知道的並不多。

我也很懷疑自己怎麼會有這樣的能力，以前的我內向害羞不善言辭，現在這樣的轉變，以前的朋友不相信，而現在的朋友更不相信，我曾經這麼沉默寡言，雖覺奇怪但我知道，是上天訊息的傳遞，當然不是每句話都是訊息，那多可怕，壓力多大啊！需要時才會有，所以，我還是我，有時當人家問我，不知道就是不知道絕不胡掰，一切自然。

然而在訊息的接收與傳遞時，一切自然且意識清醒，所以對每個訊息，要查的清明，清楚明確再說出，而說出的每一句話，除了真實告知外，措辭也要得人和，當然不是儘說好聽的，只是要避免事後的事端發生，才是有建設性的傳達，所以每一句話的說出，都是有責任的，不能老是說：「菩薩說的」。別讓慈悲的菩薩幫你揹黑鍋。

四 修理

自在之心即佛心
佛心若在自身中
自身即是一尊佛
何需向天來求佛

修理篇

我不固執不執著，雖有時確有異人的能力，但很多事還是用自己的現實生活面，去做應對處理，所以在祂們眼裡的我，有時是好孩子好學生，有時是搞怪的壞小孩，因此常犯錯被修理。

菩薩生氣了！

我們家族有個固定的聚會，大家輪流著辦聚會，在我結緣第四個月時，在一次家庭聚會中，往生多年的阿嬤，看到好不容易所有兒孫聚集，自然高興想說說話，我當然不要，在大家都不了解我的情形，我也須顧及我的形象，可是忍了很久還是不行，那時才剛結緣不久，雖感應很明確，但還不穩定也沒經驗，所以不大能控制。

當大家要下樓用餐時，竟走到門口打開雙手將門擋住不讓大家下去，所以大家只好聽我，一一點名交代事情，有的仔細聆聽，有的說我中邪卡到陰的，當然都是關心；只是當時的我，無從說起，不知如何解釋，當然氣氛都走樣了。

事後嬸嬸問我，怎麼會知道某個長輩還有某人的事，我說：我也不知道，是阿嬤一直要說，而我是嫁出去的女兒，哪裡知道這些事，我連那個表哥的太太長怎樣都不知道，昨天竟然說出名字，還要表哥要善待她，還提醒了一些事，雖簡短，但看他們的表情，應該都說中了，當然嬸嬸也確認了幾件事，除了無言，我還是覺得很神奇，很妙。

第二天下午本想去銀行辦事，想到昨天的事，對主辦的堂哥堂嫂有點失禮，於是先繞到他家去聊聊，因為曾幫過堂嫂二姐的事，所以她大概知道我的情況，誰知，說我中邪的表哥，為了要幫我想救我，所以跟堂嫂說了很多他遇過的情形，其實我自己的情形我很清楚，或許時候還沒到，也無法去證明給大家看，所以讓大家擔心了，因此向堂嫂做了說明。說明自己的情形，說了菩薩、母娘對我說了什麼，說了這段時間處理過什麼神奇的事，說了好多好多，幾乎是把當時，我知道的都全盤托出，其間說著說著，喉嚨竟沒聲音，當時還不知是說過頭了，菩薩要我閉嘴，竟然咳幾聲清清喉嚨，喝了茶，繼續加油繼續說。

說久了，終於知道的全被我說完了，有些聽來像是天方夜譚，我不知道堂嫂有沒有聽懂；但是我去銀行的時間已過了很久，已來不及了。回到家快五點了，訊息來了，不得了，母娘生氣了！祂說：

妳會不聽話
母是真生氣
正事沒去辦
天機胡亂說
妳要來改過
母也再疼惜
妳若再不乖
母也不疼起
回到平凡女
一切步步難
妳要知覺醒
才能回瑤池

此時的我，感到非常不安，當然不是怕回到平凡女，或擔心回不了瑤池，而是仔細想想，真是說過頭了！就像犯錯的孩子，等著被處罰一般，心情很焦慮很害怕。這樣的心情持續到晚上孩子入睡了，我捻了香，求母娘原諒我的無知，說漏了天機，不自覺還說的很高興，結果，被叫到陽台自己掌嘴，在打時會痛耶！我試著自己控制力道，想打輕一點，卻弄巧成拙，愈打愈大力，最後像一個豬頭，紅著臉進來，老公驚訝的說：妳頭殼有沒有壞掉。我只能苦笑。

母娘又說了：

不是母生氣
母若不說妳
永遠沒覺醒
明知口業罪
偏偏來造起
今日知悔改

為時還沒慢
母雖很疼妳
不可來寵起
謙虛才是寶
妳可有了解

我知錯了，請祂開恩赦罪原諒我，我會好好來改過；但心中卻還很擔心，母娘到底還有沒有在生氣？

母娘又說了：

可憐好孩兒
已經沒生氣
妳莫心掛疑
身痛母心疼

切莫再犯起
母也心放心
待妳回瑤池
母子再相見
瑤池金母疼妳好孩兒

這樣柔性的勸說，讓我真的無限感恩，就像我們對孩子一樣，犯了錯罵一罵再摟進懷中疼惜一番。

口業，是最容易造的過錯，一般人多半是生性善良，所以殺人放火的大罪大過錯，並不易去犯起，而口業罪，是最容易去累積的小過錯，積少成多，它也會是一種重罪。生活中的種種經常用嘴巴來說，說八卦、傳是非、罵人、說難聽話、說刻薄話、說不實話、花言巧語騙人的話……等等都是在造口業，而這些話中，所衍生出的問題又可大可小，所以口業罪，真的很重要，修行的戒律中首重不綺語妄語兩舌等，希望大家共勉，從口說好話做起，讓口業罪不再跟著我們。

愛美

因為之前做美容的關係，很注重臉部的美醜，看店時總要扮得美美的，除了工作關係外，愛美才是主要原因。有一次才剛打扮好，母娘來了！祂將我的臉，靠貼在鏡子前，鼻子幾乎快貼到鏡子，說：的確很美很漂亮，但是上天給妳這個美麗的容貌，絕不是要妳這樣，老是照鏡子，顧影自憐，而是要妳用這樣莊嚴的容貌，去多結善緣，渡更多的有緣人向善。又說：美麗是一種陷阱，多少人仗著自己的美色，去做不該做的事，多少人利用美色，身陷桃花劫中，社會亂象才會不斷衍生。幸好妳的美麗配上一顆善良慈悲的心，不要太愛漂亮！相由心生，內在充實，善良慈悲，才是真正的美麗。

聽完這番話覺得很有理，從此盡量讓自己素雅，果然愈看愈美麗。從這次後我的皮膚變得很敏感，只要敷臉或愛漂亮，隔天馬上起紅疹變麻子臉，屢試不爽，以前愛漂亮是皮膚差，從小就是個雀斑姑娘，才會愛美想遮瑕打扮，全素後到現在，皮膚白淨真的不用打扮，素淨的臉很舒服更年輕，最主要讓我更加明白，這個色身真正的意義，只是為了讓我們可以藉假修真的好工具，若又為這個假的色身造作更多的錯，那真是太可惜了。

某天晚上因為好奇，心血來潮照著雜誌上依樣畫葫蘆的，將腳指甲上了顏色做了彩繪變化，終於畫好了，一個小小的指甲上對角分，一半銀色一半藍色，哇！超酷的，其實純粹好玩。做功課時被母娘叫到陽台，因為指甲油還沒乾，走路時很辛苦，要用力將腳丫子撐開，走著走著，才要跨到客廳陽台就被定住了，站在客廳與陽台中間的落地窗鋁軌道上，一動也不動，嘴巴也說不出話來，腳部好像有重力壓著，腳好痛喔！

大約十多分鐘，在客廳看電視的先生，終於發現了，我用不能動的手和靈活的眼睛，要他幫我將指甲油擦掉，一會兒，他才意會到，說也奇怪，剛才等很久不乾，現在卻乾的離譜，就是卸不掉，擦了很久，搓的很痛終於卸乾淨了，我也恢復自由了，我們倆笑彎了腰，笑翻了！先生說：下次別作怪，才不會被修理。

我知道，這是母娘說給我聽的。

向天求財

常常在想，既然我有這樣的使命，要替上天來勸善，又要顧三餐要生活，真的蠻辛苦的，是不是可以讓我先賺了錢，沒有生活上的壓力時，再來做這些工作，到時候沒後顧之憂，才能更用心。

某晚做功課時菩薩說了：

家庭圓滿第一位
孝順行善不可遲

又說：

一心求財財不來
二心求佛佛不睬
三心兩意心不堅
四心紛紛理不清

多心多意多煩惱
不如簡單自在心
自在心頭定又靜
自在心頭清又清
自在自有歡喜心
自在之心即佛心
佛心若在自身中
自身即是一尊佛
何需向天來求佛

祂說：人世間要賺一份三萬元的薪水，還需要有老闆、同事的緣，辛苦工作一個月才領得到這份薪水，現在有機會替上天來做事，這份工作或許是你們以前做不好，或是有所誤差，今日上天慈悲，讓你們有機會將它完成，將功贖罪來做起，哪還可以任你來討價還價的。但若是正心正念，盡心盡力，無所求的去付出，去做起，上天也會看得清的。

我說：喔！祂又說了：妳這孩子確實有心、用心，當確實也福報累積時，當上天慈悲的替你的畫上一筆時，絕對是讓你意想不到的，何況，修道人本要淡泊名利，只要用心上天不會讓你沒飯吃，不會虧待起。

而談到「修道修行」，自覺還不夠資格談修，充其量只能說是「學」，才開始在學習，因為不懂；一直以來都以空杯的心，在生活中做學習。很多人在修行的這條路上一路坎坷，可能是都沒有將這「修」的意義真正的徹悟，以致將生活與修行分開了，本末倒置了才會在這困惑中，轉圈圈理不出頭緒。個人淺見，「修行修行」，乃修正自己的行為，在行為中來修正自己，且實踐於生活之中以身作則，面對錯誤，以戒為師改掉不好的習慣，導正自己的行為思想，進而影響家人教育孩子，別再為社會製造問題增加負擔就是修。

有人總在找屬於自己的理想道場，總是在找最有靈氣最高的山，哪知一山還有一山高，永遠大宮小廟的跑來跑去的找，甚至繳交高學費的靈修道場，就是無法找到心靈相契的好地方；卻不知最好的道場，就是生活中就在家庭裡。就因為盲目，自然無法靜心去判斷，當然就會坎坷辛苦。因此，凡事還是需要靠自己，唯有自我靜心判斷，不要盲從，更不需去聽信任何高人，自己從生活中行善去體悟，自然心靈清明，那不就像佛菩薩一般嗎？何需向外求呢？

貪念

每次法會不管是七月普渡或是春季、秋季的渡祖法會，總有很多人參與，法會圓滿時，每個人都可以將自己祖先那一桌的供品，帶回去吃平安，但不是每個有報名的家屬都有空來參加，所以當法會結束時，往往留下很多的東西，這些物品通常就放在師兄這裡大家吃，有時整理好，送到救濟院等。

有一次，法會還是一樣在大家熱心參與下圓滿結束，有參加的人各自拿回屬於自己桌份的供品，誰也不知誰拿了多少，全憑良心，那一次還是剩下很多的供品。因為法會很辛苦很忙，通常回家後才覺得累壞了，晚上自然很好睡。

有一位師姐說：那次法會回家後，一夜難眠，好難過的一夜，雖然很累就是無法入睡，實在想不出為什麼？到了半夜二、三點被叫起來，拿起筆在大大的紙上，寫了一個很大的「貪」字，她趕緊求菩薩原諒，因為今天收供品時，多收了一些回家，因為實在很多人沒帶回去，供品真的剩很多，有些東西不大能存放，壞了可惜，暴殄天物，所以她才會多帶。當然這樣的出發點可以被原諒，但因為她沒事先告知，也未向菩薩們說過，所以雖然沒其他人知道，卻讓上天，活生生的紀錄下來，當然被修理了。

人的一生中到處都是陷阱，只要稍不留神就會身陷其中，而主要原因就是個「貪」，人若不貪，任何事都無法動搖我們的心，都無法誘惑我們；一旦「貪念」深植人心後，有錢人嫌錢不夠多，為了賺錢，不擇手段，傷天害理。有嫌棄當初與他同甘共苦的結髮妻，反而迷戀外面的美少女，包二奶，無奇不有，生活清苦時求溫飽，溫飽時求豐衣足食，豐衣足食後，希望嚐些珍饗美食外加七、八位數的銀行存款加不動產，小車換大車，小屋換大屋，大樓換別墅，人漂亮還不夠，還要更美麗，總要求自己成為宇宙世界無敵大美女，美容整形，人工美女不斷製造出來，還有為了愛美賠上生命的；值得嗎？

或許每個人的觀點不同，追求更好的生活本來就是一件好事，本來就應該，錢不是萬能的，但沒錢的確萬萬不能，因為現今社會可悲，真的就是以金錢、名利來論定人的一生價值。沒錯！但千萬別讓私慾、貪念佔據我們的心，才不會淪為賺錢的工具。其實當我們擁有這些有形東西時，是否無形中已損失了更多可貴的東西呢？

報上看到一篇短文，是一位心碎的媽媽，她們夫妻倆每天早出晚歸，就是拼命賺錢，希望給孩子最好的生活，而在孩子的教養方面總是教給學校，教給老師，孩子的要求，有求必應，三餐外食，完全以錢應付，慢慢孩子大了，學壞了！她自己因常年辛苦，身體也垮了，才驚覺，當初為何這樣盲目的工作，而先生也因有了錢，拈花惹草不安份，小兒子在一次車禍中喪生，她哭乾了眼淚，撫摸著孩子的軀體，痛責自己，為人母親竟連孩子的手，都不曾這樣緊緊的握過！是不是很可悲呢？

金錢、名利外在的一切，都不屬於你，包括孩子、先生，甚至是自己的身體軀殼都是暫借的。「千年修得同船渡，百年修得共枕眠」，我們今生有緣做夫妻，就好好相處共圓此緣，對孩子，除了鼓勵他們努力學習知識外，多給孩子一些正面、積極的引導，而身教是影響最直接的，多一些時間陪孩子成長，多一份關心就將來就會少一份擔心。

當然每個人都是獨立的個體，思想做法都不盡相同，我們尊重別人的想法，時時覺察自己，我們不需要改變別人，因為有太多的別人，唯有改變自己，做自己的主人，當無法相契時，就從內心送愛、送祝福給對方，擔心是最糟的禮物，當你可以用內在的愛來祝福時，對方的靈魂意識會收得到的，試試看！

茹素（一）

這是桂芬的故事，她是一位大陸姑娘，嫁到台灣，來台灣的第二個月，就在二嫂的牽引下來，到師兄這裡結緣，當初她和我一樣很快的，很自然的就有感應，但反抗的程度與我不相上下，因為在家鄉時從不拿香的，現在觀世音菩薩還要她茹素；還是全素呢！叫她如何接受，在家鄉的她可是什麼東西都吃，天上飛的，地上爬的，吞得進的都吃，自然反抗不已。

剛開始她雖不信，但有很多感應，是那樣活生生的發生在自己身上，她無話可辯，只能信服，唯獨吃素這一樣，實在要她命，一餐桌上沒肉就發慌的她，如何是好呢？她偏不信，還去宰了一隻鴨來吃，肉才入口下肚，不得了了！頭快崩裂了，於是求饒，不吃了！這樣的苦並沒打敗她，有時吃到葷的，就將錯就錯吞了它，當然又被修理，求饒後還是不信邪，可說屢試不爽，愈挫愈勇，在無奈的情況下躲回家鄉去，哪知回去後，舌破口破，痛苦不堪，那段期間沒一件順心事，於是又回來了。

這次她真的認了，接受了，誠心無疑的接受全素，也改了很多不好的習性，自嘲自己的脾氣，像換了一個人似的，當然最高興的是她的先生，直接受惠。現在的她是一位很用心的好太太、好媽媽、好媳婦。

每次大家吃東西時，都會開玩笑的要她試試口味，葷素一試便知。

茹素（二）

記得當時孩子還小，自己雖然早齋、初一十五的吃素十多年，知道吃素很好，但孩子小，家中有長輩，有時還是不方便，所以一直沒能全素，以前的我很容易起煩惱心、緊張、焦慮、睡眠品質差、胃部常常不舒服，桂芬是我的好姐妹，她到台灣後開始吃素，當時我還未全素。

多年前有一段時間，常常胃不舒服，看醫生檢查結果，是輕微的胃潰瘍，須吃治療幽門桿菌的藥兩個月，醫生說這藥一定要吃、會得到很好的改善，不會有什麼副作用，只有少數人會有嘔吐感，但機率很少，他還沒有病患，有這樣的反應。偏偏我吃了就像害喜一樣，隨時想吐，同事一直問我，是不是有了！叫我不知如何是好，索性就不吃了。有時胃不舒服，當天就只吃簡單的蔬果，情況就紓緩。有時好了，又正常吃，雖是少量的葷食，胃就又不舒服了，心想是不是該吃素了！孩子小有時外出不方便，沒再多想了。

那年中秋，大家聚聚到桂芬家烤肉，她很貼心準備兩邊；一邊素一邊葷的，當時心想，我應該吃素的這邊。我記得吃了一片肉片夾吐司，還有三條手指大的蝦。當天回家幫小孩功課整理好上床後，大約九點多並沒感覺特別不舒服，但就是嘔吐，抱著馬桶猛吐，吐出來都是一片片的肉，還很完整，有幾次吐不出來，還用手指去拉出來，差點噎死！天啊！太奇怪了，今天明明只吃一片肉，怎麼會吐一堆，入口時一定會咀嚼，不然怎麼吞得了，為什麼吐出來肉是一片片呢？差點噎死！

沒體力了，一上床，馬上睡著。半夜兩點半又衝到馬桶邊再吐，還是一片片的肉！吐到最後沒肉吐了，心想應該吐完了，再吐下去一定會死掉，最後竟吐了一口血，當時連想求救都叫不出聲音；心想，一定會死掉！累到虛脫迷迷糊糊，用盡所有的體力爬回床上又睡著了。

隔天一早就起床，竟然沒死！還神清氣爽，整個人非常的輕安，內心非常的寧靜喜悅。當下的心只有感恩，感恩上天的厚愛，因為我明白，這是一種清理淨化，也讓我的身體健康了，那刻起就開始清口全素；更明白清口全素，除了長養慈悲心對宇宙萬物心存慈愛與尊重，外由口中出去的字字句句，都將更加謹慎，感恩！

當然有人認為茹素與修行沒太大關係，有些修行者也沒吃素照樣修得很棒。茹素與修行大有關係，楞嚴經云：禪定現前，五戒不俱足、終落魔道。而因果不昧，當然要償還，都還是再與它們連結著。現在沒商業道德觀念的商人，對動物的豢養，常是化學藥劑抗生素倍量的加，傷害身體的物質已大過營養價值，而蔬果農藥殘留也不容小覷。

這就是我茹素的過程。

五

因果

人生無奈苦情訴
苦海人生苦無邊
一路辛苦千萬千
只為種因得果緣

因果

人生無奈苦情訴
苦海人生苦無邊
一路辛苦千萬千
只為種因得果緣

「種瓜得瓜，種豆得豆」大家都懂，談到「因果」卻不是每個人都能認同，尤其當你無奈、困惑、不知所措時，有人告訴你這是「因果」時，更是無法接受而大發雷霆，就因為那常只是遙不可知的過去，稱為「累世」，當然也包括所謂的現世報。

生命是一種輪迴，生活是一種學習，當生命結束後肉體化為塵土，其魂魄靈體將再循環，或苦或樂，將由當世所作所為而定稱為「業」。就這樣循環輪迴中，唯業相隨，因此因果亦由累世的業來定論，當然業也有好壞業報之分，好的業報稱「福報」，就像債權人，壞的業報稱「業障」，像債務人；就這樣因果展開了債務之戰，這也就是人生。

很多時候幫人查因果，時而口述時而畫面，有時就像看電影一般，活動畫面加口述精彩極了，但是有一個重要前提，就是自己要靜心，才能接收正確的訊息，不會誤人。一般人在聽到查出的因果後常有兩極化的結果，一是頻頻點頭稱是呀！是呀！心服口服；另一種當然是不信的辯解，或不屑的不言，但無論當事者相信與否，我都只是就該傳遞的訊息陳述而已，因為若陳述不實或太過我都會受懲罰；更何況我知道因果的嚴重性（因為我擔不起），這樣的即席翻譯，也沒時間讓你去思考又怎能去編造故事，我也沒這種豐富的想像力，還是要勸大家，無論相不相信因果，當發生在你身上時，一定要心存感恩，誠心求懺悔的「甘願受，歡喜還」，如此才能調和化解，因為不是你的，絕不會發生在你身上，而生活的確是在種種債權債務的糾結下運作，我們寧可相信現在生活種種不順是「果」；而在生活的學習才是「因」，來警惕自己不再造惡因，而能結善緣種善因，將來才能得善果，所以慎勿造因，無因即無果，無果即無心礙，如此才能坦蕩自在。

查因果傳訊息其最終目的，只是希望當事者能真的靜下心，更理性的去面對問題處理問題，所以，在傳遞訊息告知因果的同時，盡量就現實生活面來解說，讓當事者能去理解接受，如此才能達到人和、勸世的用意，也才不會又製造出事端。

曾經有一位太太，因為小孩出了意外，一直昏迷不醒，現已呈植物人狀態。經朋友介紹求助過某通靈者，那通靈者當著眾人面前劈頭就罵：都是你們做父母的造業，做不好才會禍延子孫，害了自己的小孩。這位媽媽當場淚流滿面，哭訴先生和自己總是熱心助人誠實善良怎會如此說呢？她不依：就這樣奪門而出，再也不信任何可能的機會，事後還曾一度想輕生以求解脫。想像一下這樣的畫面，情何以堪，一個心碎又無助的媽媽，換來一席無情的話來打擊，任誰也無法承受，的確就算是真的因果如此吧！也無法叫人信服，反而製造問題。

口業

一位阿嬤替小孫女來問事，小孫女才五歲，常常掛病號，每次小感冒總是搞得很嚴重。得到的訊息是，小女孩前世口業很重，什麼難聽的話都說，無中生有更是一流，也讓我看了小女孩現在的模樣。

我說：阿嬤，這小妹妹很漂亮喔！嘴巴很厲害什麼都會說，且常會說謊。阿嬤：沒有漂亮啦！是可愛可愛的，但這嘴真的很壞，才五歲小孩，什麼話都說得像大人一樣，我們家大大小小，沒人會這樣，有時也說謊，常被爸爸修理，我想說，小孩子嘛，偶爾說說也挺可愛的。

我跟阿嬤說：菩薩說：這小孩前世就是因為口業重，現在才會讓病痛來磨她。這麼小的孩子，若要她好好修，怎麼修？所以，做家長的就很重要，生病一樣要先找醫生，再者自己以身作則給孩子好榜樣，孩子不對，就要導正她，不要因為年紀小還覺得可愛，等大了，她也覺得理所當然時，就似是而非，我們也管不住，反而害了小孩。現在我們知道了，就更要好好教導孩子，教她口說好話心存善念，將來孩子在我們善的引導下，就不易變壞。

除了將訊息做正確傳遞外，更希望能以較生活化的方式來傳播善音。

每個人都希望自己的孩子，都是健康平安的，但無論什麼樣的孩子來到我們的生命中都是註定的因緣，不屬於你的，不會發生在你身上，所以不管是善緣惡緣，都是成長與學習的機會，都是我們今生的一門功課。

眼瞎的兔子

某日有一對夫妻前來問事，先生左眼還裹著紗布，太太希望求菩薩，能保佑先生的眼睛，經過手術後，將來能慢慢復原，像以往一樣。

我帶了他們到地藏王菩薩案前祈求，在祈求時，我看到一個十來歲的少年，頭上還頂著一個古時候的包包，上面還套著布，身上揹著弓箭在樹叢裡找尋著，而另一角落則是躲著一隻左眼血流不止的兔子。孩子由另一邊找去，而兔子由不同方向的一邊奔逃。

在十殿閻君的第四殿五官王案前，發現自己跪求好了竟起不來，試著想強迫著站起來，卻是用跳的方式前進，左手一樣摀著左眼。原來當時的兔子，現在來到四殿五官王的案前伸冤。這對夫妻不知所措的請師兄過來，於是師兄問：你有什麼冤屈請說？它說：這樣公平嗎？現在只會求菩薩讓他眼睛好，連這位師姐也替他求情；你們看看我，你們知道我眼睛受傷時，是何等的苦痛，流了多少血，當時我是沒因此而死，但你不殺伯仁，伯仁卻因此而死。師兄說：冤家宜解不宜結，當初他真不應該，現在他也已經接受到懲罰了，你就原諒他吧！等會，我們請菩薩作主，來調和你們的冤債。就這樣牠暫時答應了。

原來這位先生是一位木匠，有一天工作時，用空氣釘槍組合門框，這樣的工作已做了快四十年，這次竟然打出去的二寸長釘子，會噴到牆上又彈回來，直直插入眼中，還真流了好多血，手術後希望將來不要影響視力才好，所以來這裡祈求。

我再次來跪在四殿五官王案前，向這隻兔子說對不起，希望原諒我剛才對牠的不公，也希望牠真的要原諒他，畢竟冤家宜解不宜結，兔子對我說：別老是妳在替他求情，他真的誠心懺悔了嗎？為什麼他不自己來求？於是，我去喚了這位先生過來，他很誠心的求兔子原諒，當然最後兔子原諒他了。

師兄要我去問問兔子，要向這位先生要多少做為補償，牠要了一些紙錢，就這樣調解了他們的一段因果債務。

這對夫妻也常來這邊，是一對虔誠的一貫道信徒，無論什麼教，只要自己正心正念去走，都是好道，而這位先生的眼睛，復原的比預期還好，現在又正常工作了。

其實，不知何時冤親債主會來追討，有些醫生無法診斷出的症狀，很多都與因果有關，所謂業障病，而它也須藉由類似的方式來償還，因此花點小錢或用金紙可償多年債的，還算幸運。

曾有位高學歷的老師，因病痛纏身，當然醫生也一定換過很多，就是查無毛病，來到此化了幾百元的金紙時，不信因果不悅的說：為什麼要我新台幣換紙錢呢？當然也可不必，也不是每一件因果關係，都可用這樣的方式來調解償還的，還有一個方法就是多行善事，多說好話，在行善的過程中，小小功德累積，就能重報輕受逢凶化吉，此時上天會將你的功德來償還你所欠的人，自然能一路平順。

莽夫

爸爸很疼我，他知道我從不信這些，但結緣後怕我受騙，有段時間常來電關心，那時我無從解釋，為使他不擔心只能說好，經過幾次法會他來參與，現在了解這個女兒沒有走偏路。

有天媽媽來電說：爸爸昨晚腳部突然腫的像大麵龜，看醫生無效，清晨痛得受不了又到醫院掛急診，做了檢查並無查出任何的異狀，問我如何是好。心想，爸爸那種老一輩的人，都很耐得住痛，實非得已是不輕易去看醫生的，可見老爸一定相當痛。

於是我和爸媽一起去請教師兄，老爸因為一夜沒睡加上很痛的腳，看起來已沒有平常說話大聲的樣子。師兄笑笑看著我，於是我自己去幫老爸查查，在地藏菩薩案前祈求。此時我看到一個樹木茂密的樹林裡，有一條小徑，小徑前頭有一間簡單的茅草屋，走來一個樣子粗魯的人，手中還握著一把刀。那人的樣子，很像倩女幽魂中那個道士的扮相，是個莽夫，走到屋內沒人，開始翻箱倒櫃，家中的狗於是對他吠了起來，他不理睬用腳順勢踢開牠；狗狗不死心又對著他吠的更兇，且一口咬住莽夫的腳，他用力甩卻甩不開，於是舉起手上的刀，狗狗自然躺下了。

我並沒有告訴老爸這一段，只是請求菩薩幫忙調解，師兄笑了，他知道是動物靈在作怪，當然，這麼快的時間，我也編不出這個古代場景的故事，更不希望那個人，就是我的老爸，因為狗狗也是一條命。

在菩薩的調解下，處理了這段因果，處理完後鐵齒的老爸又露出了笑容，我問他有沒有好些，他說：十分好了七八分了。因為腳的確消腫了不少，要他回家後醫生開的消炎藥還是要吃，老爸這次親身體驗過，也更了解我走的是正道，現在很支持我。

慢慢的幾天後老爸腳全好了，他說：很多年前也曾經有過這種情況，是在一根腳趾頭，那時痛得無法走路，醫院、國術館、敷中藥、試偏方就是無效，還包車南下求醫花了好多的錢，一搞好幾個月，最後，他還曾天才的想，乾脆請醫生切了那痛恨的腳趾頭。他問我，那天查的是什麼？我才據實以告說了那個故事。

幾天後老爸又來電說：腳又有點怪怪的。可能上次真的痛怕了，現在怪怪就會緊張。還說：昨晚做了個夢，有一頭牛，很兇一直要衝撞他，當然，他也不甘示弱的扯住牛的角與牠拼了。我知道其中的用意，笑著告訴他：老爸，下次在夢中有類似情況時，你就讓牠撞你一下，就還牠了，別再與牠拼命，反正夢裡也不會痛。老爸大笑說：好，下次我試試，是否夢裡真的不痛。

真的，冤冤相報何時了，但我們若能以慈悲的心，甘願受歡喜還，任何的冤報都能圓滿調解，也讓我們在現實生活中盡量不再犯錯，對任何生命加以尊重，無論其化身為何？是人、是狗、是昆蟲都是一個生命。

二十年換十分鐘

這是發生在自己身上的一段因果故事，以前我不願提起，因為太痛了！但常勸人要種善因相信因果的同時，自身的故事往往最具說服力，所以，用了這個二十年換十分鐘的因果故事，與大家結緣共勉。

學校一畢業，就在媽媽的央說下，到姨丈開的工廠去當會計，因為是自己人，雖說是記帳卻大小事都做，當然大家對我非常的好，所有的事，原先都是阿姨在處理，也因為她的不善言辭和不識字，自然我成了她最佳的左右手，姨丈更信任我，很多事都會要我給他意見，而我從小到大也是公認的乖乖牌。

工廠是做百貨公司的設計裝璜，七〇年代台北市百貨公司正興起，舉凡統領、明曜、來來、遠東、力霸到後期的新光三越、SOGO等，都有我們的成就在那裡。我也在大量的工作下學習很多，也去學了設計繪圖，當時都還是用設計桌，廠內員工不少，阿姨又不識字，所有的事，幾乎都由我在處理，一直以來他們對我也是疼愛有加；當然我也是竭盡所能的全力幫忙，時常忙到很晚，當時二十歲竟也開起1.75噸貨車幫著載貨，婚後挺著大肚子也到處跑工地。

員工不少，有些是南部來的，他們有一個特點，就是家鄉廟會時，一定要回去共襄盛舉，這樣的事對他們出外人是非常大的事，某日一位員工，因為正值趕工時候，恰有家鄉廟會，所以阿姨自然不想讓他請假回家，阿姨便氣沖沖的進了辦公室說：趕工時，他（員工）老媽就要死了；再趕工他老媽就要出殯了。

我頓時傻住了，心想，怎麼會說這麼難聽的話，從小媽媽就教育我們，同樣一句話，一定挑好的說，要多說好話，她怎會說出這麼嚴重的話呢？於是脫口而出說：阿姨，不要這麼說。當時她的大女兒也在場，不知是下不了台，還是真氣惱了，惱羞成怒，竟氣呼呼的就去跟我媽媽說：我頂她嘴，說她當老闆娘很「搖擺」。

媽媽卻很肯定的對她說：不可能，她當我女兒快三十年，從不會說難聽話更不曾頂過嘴。我想，當時她絕對氣炸了，而他女兒也一直勸我不要難過，不要理她。沒想到一句自認沒錯的話，竟鬧得滿城風雨，她打電話投訴很多親戚胡亂造謠，曾試著去電向姨丈解釋，但都被阿姨掛了，所以我離開了前後快十年的工作。

其實依我的資歷與工作經驗，換個工作對我來說很容易，當時也有機會被挖角，因為不想有任何牽連，都婉拒了；但內心的調適卻相當困難，自認盡心盡力，卻換來這樣的結果，我很氣姨丈，他們是一家人，我不奢求這個時候護著我，但總覺得至少他應該為我說句公道話；更何況當時大女兒也在場目睹一切過程，而我卻只能這樣默默離開，連解釋的機會都沒有。

家人很怕我傷心，總不敢再提起，一心保護我，過了一段很長時間，才因為忙小孩之事，漸漸淡了，但是在我內心，真的是一道很深的傷口，很大的打擊。讓我常常想起時還會很難過流淚，往後上班也絕不會這樣全心全力的付出。當時的我很內向、安靜，曾經告訴自己，有一天，我要當著大家的面，把這事說清楚，要為自己討回公道。自從此事後，便沒機會再見面，我們是親戚，要見面除了婚喪外，根本沒這樣的機會，一過又將近十年，而這樣的傷在我心中，真的沒有因為時間而撫平。

結緣後數月，90年初外婆往生時，這個機會終於來了，當天我就南下看阿嬤，阿姨因為從上海趕回來，隔天才到，當時我正要上車北上時，阿姨依照習俗從巷口，嚎啕大哭的進來，那時約有二十多人在場，時間卻像停格般，大家都定住了，只有我向前去扶起她，安慰她，等她哭完後，我才回神，我上了車，傻住了！為什麼？我盼到的竟與我想像的這樣天壤之別，我久久說不出話，就是想哭！突然訊息來了，眼前有個畫面，一位雍容華貴的夫人，髮飾服裝很華麗，前面跪著一個哭泣的辮子姑娘，姑娘儘是哭，夫人趾高氣昂的不理會。

祂說：明雪，委屈妳了，妳與阿姨是第二世的因緣，當時妳是一位員外夫人，而她是妳的下人，跟了妳很多年，妳卻懷疑她偷了錢，將她趕出去。

喔！原來如此，雖是如此，我還是不依，我說：不公平，前後將近二十年的時間卻換來這十分鐘，叫我如何接受。

我們之間的事，很多親戚都知道，從小就乖巧的我，自然贏過她的大肆宣傳，令她更不滿。阿嬤頭七我又去了南部，媽媽對我說：對啦！那天妳的做法是對的，這樣才懂事，別再跟她生氣了，好歹是自己的阿姨，原諒她。

我說：媽，跟我當初想的都不一樣，我也不想這樣做，就把訊息告訴她。媽媽很驚訝的說：真的喔！難怪她都去告訴其他阿姨們，說妳偷開她的支票。天啊！天地良心，這種話她也說得出口。

很多人也為我的舉動很不解，有人為我抱屈，我說了訊息那段因果，還是有人說：

不行，那她還以為妳理虧默認了。我說：不管她或別人怎麼想，至少我還了一世業，了了一世願，我與她已互不相欠了。這一世他是我阿姨，見面我還是禮貌性稱呼，實際上不再有任何牽連，我很高興，我還清她了。

雖然我口中這麼說；但心中對這將近二十年，換來像是停格的十分鐘，還是相當不平，某日大姐來電關心，小孩功課和我的近況，又提到此事，事後我才真正體悟出，我一直執著在時間上，無法放下，卻沒想過當初的下女，被逐出門後會有什麼遭遇，我往後退一步時，有這麼多親人姐妹安慰、保護我；而她生在那個年代又是下女，自然家庭窮苦或孤苦無依，當時的她，將何去何從呢？她的困苦悲哀，絕對是我無法想像的。

於是，我跪在菩薩面前誠心懺悔，向當年的她，致上萬分歉意，我錯了！請她原諒我。就這樣，我對此事不再有以往的不滿，我可以很平心靜氣的來與大家分享，這一段這麼真實的因果償還。

還清這段因果債的第二個月，姨丈來電，距離上次說話已經過了快十年了，他與阿姨早已離異，說他是提起很大勇氣，才打電話給我的，他每年回台灣，第一個想見的是我和我的孩子（以前工作忙，我的孩子小，常是他們幫著帶），他不解，他待我那麼好，為什麼，我連要離開都沒跟他說，因此他氣了我十年。

我說了當年情形，我更不平，我的付出，在發生此事的同時，不要求他幫我，但至少他該說句公道話，竟然都沒有。說完，他非常驚訝！說他從頭到尾都不知有此事，他聽的是另一個版本。天啊！陰錯陽差下，竟互相氣惱了十年，如今事情說開了，沒事了，我不知這又是那段因緣，總之過去了。

幾天後姨丈來找我，跟我聊了很多，我沒多說，就將這份資料給他看，他很感慨的說，為何如此糊塗，只聽了一面之詞就氣炸了，當時親友沒人相信阿姨說的話，我媽媽和大姐也曾找過他，但他用很差的態度對待她們；姨丈一再的向我道歉，他又希望我可以再幫他，台灣這邊的工作，我婉拒了，這樣就好；還清就好。至少與姨丈之間的誤會解開了，不會再讓這個業因留下靈魂印記。

因果償還，常會發生在你的周遭，甚至是同一個家庭中，希望藉由這樣的真實故事，能讓身處家庭關係不和諧的人，更能用包容、感恩的心去化解，去圓滿償還。

江洋大盜

與王大哥認識將近一年了，覺得他蠻熱心的，她姐姐說：他原本脾氣很壞，總是一副老K臉，好像很想揍人的樣子。仔細看還真的有像，手上若貼上刺青貼紙一定很像幫派大哥，聽說當初在他爸爸往生時，家人摺蓮花時，就被曾他罵得狗血淋頭，還附贈三字經。

可是現在的王大哥真的不一樣了，很和氣、很客氣、很熱心，很慈悲、很用心，這一年來所有法會，只要有用到蓮花，全部都是出自他和家人共同完成，法會蓮花動輒數千上萬朵，而且摺的相當水準。與以前的他真是天壤之別，他曾自己說過宛如重生。

與王大哥的結緣，是幾年前某日晚上，他在睡夢中來了幾個搶匪，用刀抵住全家人脖子，將銀樓金飾一掃而空，揚長而去，礙於孩子及家人性命安全，無法反抗，卻讓他就此背負著難以負擔的債務，日子還是要過，但心中恨意難消，而搶匪卻逍遙法外，曾經也有過種種不好的念頭，家人也相當擔心，他姐姐輾轉將他帶與師兄結緣，漸漸的心情稍有好轉，一個大男生竟自己買了紙，摺起蓮花了，家人看到他自身的改變，都覺非常欣慰。

我與王大哥認識已經快一年了，每週要上經文課時，與幾位同修常常都受他熱心接送，曾在閒聊時發覺他，仍為當年的事無法釋懷，我也說了自己的因果故事，試圖讓他放下。但畢竟生活是現實的，生活上的種種壓力，讓他無法喘息，更無法忘記那段不幸。現在大家都很熟，他也知道我可以為人查因果，但從不曾提起。

有一天上課前，他突然要我幫他查查怎麼會這麼衰，就在前幾天他看店時，一時疏忽門沒關好，又給小偷摸走一些金飾。於是下課後我們一起跪在地藏王菩薩案前幫他查起。

菩薩說：

累世罪業來造起
江洋大盜來做起
幸無來將人命傷
今日錢財損失起

來將果業來還起
有幸進了善道門
好好學習消業起
慢慢人生就順適

我向王大哥說明他的因果後，他傻住了，低頭不語，因為這些詩句的寫照，就像那夜的過程，只是角色互換而已。我向菩薩祈求，我說：菩薩，王大哥一路走來真的改變很多，希望你能多給他一些機會，讓他更有信心的走下去，畢竟生活是現實無情的。祂又說了：

先將心性來改起
若將心房來打開
慢慢就會來順利

當然這樣的結果讓王大哥心服口服，更感恩菩薩慈悲，原來摺蓮花是磨他的心性，王大哥現在真的心性全改了，但就是心有不甘。希望今日明白這段因果後，加上我的因果故事當借鏡，能讓他真正放下心來徹悟。

某日與桂芬到王大哥家與他夫妻倆閒聊，說到以前的王大哥是一位好面子的人，在朋友中總是大哥大，凡事他說了就算，可是他重義氣對人太好，往往結果都不是他所預期的，常被朋友出賣，扯後腿，當時太太的好言相勸，總換來一頓罵，現在想想真後悔，那些朋友如此待他，讓他到現在仍然不解。

我笑而不答。但他看出我的笑是有意思的，某日上課時又見面了，他問我那天笑得很不自然，其實當時已有訊息傳來說：那些朋友就是他當年的黨羽，而且是專搞「窩裡反」的小人。

現在的王大哥生活很單純，那些酒肉朋友漸漸也不找他了，還有些朋友認為他可能受了刺激「阿達」了，自然損友愈離愈遠，其實就像他自己說的，這條路讓他重生了，讓他找到希望，衷心的祝福他，早日走出陰霾。

後母苦毒前某子

有位女兒帶著年邁的老媽媽到師兄那裡，想請教師兄，身體狀況不是很好的老媽媽。師兄一眼就看穿老媽媽的心事，要她多照顧自己，兒孫自有兒孫福，別替他們擔心太多，於是要我去幫她查查因果。

到地藏王菩薩案前靜心查起，只見一個畫面；有個孩子被一位女人追打至牆角，樣子極為生氣，口中唸唸有詞，應該是邊打邊罵，最後還補上一腳。當時我並不了解是何關係與用意，菩薩又做了提示：後母苦毒前某子（虐待前妻的孩子）。喔！原來如此。

於是向他們做了陳述，女兒也是「喔」！的一聲。她說：老媽媽是她的親媽，但也是他大哥的後母，可是媽媽對待大哥的好，絕不輸親生的她們。但大哥總是最不聽媽的話，常常捅簍子，任何事都是做了才讓老媽來收尾，而且屢試不爽，尤其金錢窟窿，總是填不滿，有時我們都會覺得，老媽為什麼會這樣勸不聽，要她不要再理大哥的事，她就是勸不醒，放不開，總是苦自己。

其實在「因果債」的償還過程中，有時會讓你角色互換，去感受當初的無奈，有的還是會給你同樣的角色，但情形也絕對會改觀，讓你重新再當一次這樣的角色，換他來磨你；而你該如何應對，就全憑你這一生中的個性脾氣與修為，若還是像當初的氣度，那肯定是永遠還不清，利上加利，將來只有更難去償還，但若能心念一轉，將心比心，用愛去關懷去包容，這樣的慈悲心腸，我想，當事者即使鐵石心腸也會軟化，上天也會為之動容，讓你好還起。

而這樣的氣度，需要你在遇到事情後再去做調適，當然做改變的確不易，所以希望大家，都能從小自日常生活中，去培養這樣的心性，遇事時較能以平常心去看待，凡事自然能慢慢的迎刃而解。

經過這些年的經驗，愈來愈感覺到因果法則，除種因得果的不變定律外，上天常再次給你相同的角色，再來一次重新體驗，若還是一樣的態度與處理方式，那就是利上加利愈來愈慘，不斷再輪迴。另一個是給你完全不同的角色，讓你完全替換體驗，當時的他是如何被對待與如何承受。同理心將心比心就是如此，妙吧！

當然也更由因果法則進入到恩寵法則，人類意識的覺醒，有太多的方式可以讓我們去發覺，當自己不斷落入痛苦中，那就是上天給你的提醒，讓你去發現問題（覺察），去看見問題（覺知），去面對問題，去改變（覺悟），是改變自己而不是改變別人，因為所有發生在你周遭的事，一定都是自己的問題，不是你的絕不會讓你遇上；只有改變與修正，自己才是關鍵。因此無論是什麼宗教或什麼樣的新時代學習，都只是修心，改變內在。因為外在的行為都只是內在的投射！

盲眾

朋友向我哭訴男友整日沉迷於網咖，沒責任，現在還動手打她；說了很多他們之間的事，幾乎都是抱怨，我要她說說，男友的好，她卻支支吾吾擠不出來。每次提分手時，他就會又哭又跪的求情，才會對她好一點，但畢竟對她好的清醒時候並不多。我要她好好想想，未來的日子怎麼過，勸她雖父母生了妳，但命還是自己的，路是自己要走，想清楚；感情的事情處理要更謹慎。處理不好很麻煩，別再讓家人為妳擔心。

孰料，三天後興沖沖來電，很不好意思的說：「明雪，我要結婚了！」聽得我差點跌落椅下；我故作鎮定的說：「恭喜啊！怎麼會這麼突然呢？是妳上次提的那個，連資源回收都不要的人嗎？」

她笑著說：「別損我了，昨天我到我的師父那裡去求菩薩，希望菩薩可以改變他，讓我們結婚後圓滿，結果一連三個聖筊。」

她的答案真的讓我跌破眼鏡，心想又是一個不怕死的盲眾，我說：「別人的事，我常問菩薩，替人解迷津，因為，我不知道對方的事，所以當事者來求助時，我只能問菩薩，或許也因為如此，他們才會信服，但我自己的事，卻從不問祂，因為自己的事，自己最清楚，要為自己負責，更何況都是成年人了，常當肉靶子居然不怕。也好；現在菩薩都給了妳三個聖筊，妳要記住！以後婚姻不幸福又挨拳頭時；祂可不負責，到時候妳再去哭給祂聽，祂也救不了妳。」

很多時候菩薩會給妳答案，但這答案絕不是標準答案，只是一個提示，正確答案是要你自己去悟，悟出才是標準答案。姑且不管信不信菩薩，現實生活中，這個男人根本不能依靠終身，何況她竟擠不出他一點好，又會動粗，她還是執迷不悟，那只有自求多福了，當然，勸她的人一定不只我一個，相信答案是一致的。真的由衷希望，人們若遇任何事，都請就現實面去考量，別老是把問題丟給摸不著的世界。

這是容易發生在你我周遭的現代版故事，是想提醒大家在日常生活中，無時無刻都在造因結果，當事情發生時，一定要想清楚它的後果，考慮好種下的因，是善是惡，將來才不會後悔莫及。

其實自己真正了解的並不多，但卻真實的發生在自己身上，讓你連反駁的機會都沒有，因此更能體會；有人常因接觸很久或說修行多年，卻依舊沉迷於膜拜，有事沒事就問菩薩，事實上菩薩哪管你那麼多事。雖能與祂溝通，但是對祂們，真的就像長輩一般，誠心尊敬而已，早晚一柱香，寒暄問暖打招呼，並不會刻意對祂們說些什麼；同樣的，祂們更不會有事沒事就和你說話；那多奇怪多不自然啊！

或許祂可以助你更順利，但前提一定是你自己行善助人，德行佳，才能得到祂的庇祐，所以，當你要對菩薩有所求時，請先捫心自問，自己是否比別人更有心，比別人更用心，更孝順，更懂得付出，因此基本上，還是需要自己福報累積換來，絕無僥倖，而很多事也是祂們幫不了的，如親子關係的培養、孩子的教育、經濟的來源、孝順父母、人際關係……等，在在都須親躬，任何人也替代不了。

我不了解一般人，當他們用著虔誠的心，雙手合十的跪在菩薩案前時，心中所祈求的是什麼？是求平安？求發財？亦或是祈求世界和平？我想，應該任何事都有可能是祈求的心事，但是；菩薩能讓你實現你的心願嗎？祂能答應你嗎？我們又何德何能的要求菩薩讓我們如願呢？捫心自問，從小到大，做過多少錯事，又做了多少好事？你的罪業重嗎？你的福報功德又有多少？那又憑什麼敢向上天菩薩提出這樣的祈求？或許會有人理直氣壯的自認一生善良認真，不曾犯什麼大錯，但可曾想過，這不就是做人的基本嗎？

當然，現實生活既無情又無奈！有人會說：先讓我衣食無憂時就心甘情願去做，甚至更發心的去做服務，可能嗎？困苦時都無法做到，安逸時還會想到嗎？依人類的弱點來觀察，似乎相當的難。而其實這是兩碼子事，不能併為一談，在現實生活中，除了去圓你這一世的緣以外，還同時在償還著，自己累世中的因果業報，有人可能會說：他只相信自己這一世看得到的所作所為，不願去承認什麼看不見摸不著的前世、累世的，但無論你信不信，承不承認，所有的因果業報，就這麼無情的求償於生活中，當然好的因果業報也有，就是福報，同樣也回饋於生活中讓你去享用它，享受它，非常公平，怎麼栽，怎麼收，全靠自己，所以，菩薩又怎敢隨意答應你的要求呢？菩薩雖慈悲，也不會去違反天律，來替我們擔因果債。

做該做的，還該還的。

三世因果一世還

有一次爬山到了山上，那裡有間廟就暫時歇歇腳，廟裡副主委先生請大家喝茶水，為大家說的一個因果故事，很有意思，現在再和大家分享一次。

某個年代時，有一對恩愛夫妻和一個可愛的孩子阿福，在一次天災中，家中田地全淹沒，沒了，連父母也喪命了，可憐的孩子阿福，因年紀小無謀生能力，就到廟中與乞丐在一起乞討，乞丐們見他年紀小，不至與他們爭地盤，搶飯碗，於是就收留他，讓他在廟裡乞討。某日廟裡來了個有錢的員外，員外見他可憐又可愛，就將他帶回家中當個小童工，除供吃住外還給了點碎銀子，知恩圖報的阿福，總是將得來的銀子送到廟裡，給乞丐們用，有人勸阿福說：頭殼壞了嗎？為什麼不留下來自己花用，或是存起來長大後可當老婆本啊？阿福不為所動的持續著他的做法。

很快的，轉眼間，阿福已是一位十八歲的青年了，村裡想蓋一座大廟，但苦無經費又缺人手，於是阿福與員外商量後，感謝員外的照顧，離開了員外的家，到村裡去幫忙廟宇的興建工作，同樣也有微薄的薪資，阿福卻不肯收，因為知道，就是缺經費才會缺人手，何況吃住都在廟中，不需用錢，於是又將自己那份微薄的薪水全捐出給廟宇，善良的他總是做沒人要做的工作，有一次攀在高高的架上，不慎摔了下來，斷了腿，看了一、二次大夫後，因為沒有錢而作罷，從此瘸了腿，當然攀高的工作做不了了，於是就做低一點的，同樣可盡一份心力。

阿福拿起工具開始鑿壁打石，這樣的工作對瘸腿的他沒影響，持續了一段時間，有一次不慎被鑿下的石子彈到雙眼，弄瞎了雙眼，雙目都失明又瘸腿的阿福，讓得知消息的乞丐們，又帶回廟裡乞討過生活，某日，員外來到廟中發現阿福，堅持將他帶回，阿福卻不肯，因為他不能再為員外工作，所以不能再回去讓他養，終於阿福想了好辦法，他說：要我回去可以，那我白天休息，晚上，就這在花園中守夜打更，若有偷賊來，看見有人他就不會進來。於是阿福回到員外家，做著打更的工作。

某天夜裡雷雨交加，善良的阿福竟被雷公閃電打個正著，一命嗚呼！員外傷心之餘不忘厚葬他。但心中就是不解，為何阿福這樣好心善良的人，也會遭雷公打死，天理何在？於是用紅色筆在阿福的手心分別寫了：「好心沒好報、好心被雷劈。」一且到阿福的房裡，將阿福常膜拜的觀世音菩薩畫像取下，每當思念阿福時，就來到阿福的房裡，想著他的一切，愈想愈不平，就拿著捲起的畫像敲啊敲的，有次夢中觀世音菩薩來了！告訴他：員外，我又沒惹你，你怎麼老是拿我在桌上敲呢？把我的頭都敲破了。

於是員外說了他的不滿，菩薩說：你知道嗎？阿福累世做得很壞，都是大惡人，而他的業報一世該做乞丐，一世該瘸腿，又一世該瞎眼，一世該遭天譴雷劈，就因為他的善念，他的知恩圖報與善良，上天特別大發慈悲，讓他三世因果一世還，現在已投胎在好人家了。當然員外心存懷疑。菩薩說：你若不信，明天宰相的公子滿月宴客，你可前去看看。於是夢醒後馬上看了畫像，果然敲破了，畫像頭上一個洞，隔天當然到宰相家藉送禮祝賀看了嬰兒的小手，果然雙手手心有紅色胎記，就跟當初在阿福手上寫的一樣，證實了菩薩的說法。

當然小嬰兒的胎記，只有員外認得，這樣一則故事，只想讓大家知道，好心有好報，好心不會被雷親，好心只會讓我們更順利，也讓大家了解種善因的重要。

在生活的無奈中，因果關係就周旋於其中，常會有朋友想託我幫她去查查因果，問問到底是什麼因緣，讓她如此辛苦；要何時才還的清呢？我無法告知，查不查得出，還得看菩薩肯不肯告知，並不是祂看人才回答；而是當妳沒有歡喜心去還，用心過生活，修身養性去圓滿，就算妳查出後又如何，查出欠了一屁股因果債，光用想的是還不清的，只是徒增煩惱而已，因此，因果不需查起，只要好好在生活中，盡量扮好自己的每一個角色，在生活中好好的圓滿，無形中因果債自然還清，當然，不是每人都能順利來圓滿他的一生，真的困惑難耐無法承受時，藉由這樣的因果查起，或許可以來做調解，讓因果債能圓滿還起。

集體求償

有位先生來問事，請教他們夫妻間的問題，於是要我去查看因果。

到地藏王菩薩案前靜心查起，只見一個畫面，在一條清澈的溪流中，站著兩個穿著粗布衣褲的男子，他們挽起袖子，捲起褲管，站在河中央對罵，且後面各站一大群人，手持棍棒，同樣表情憤怒，好像蓄勢待發的，想幹上一架似的。

雖然這樣的訊息畫面很清晰，但還沒有完全理解，卻直接開口對著那位來問事的先生說了，你與太太前世是隔壁村的村民，當時你住上村，太太住下一村，兩村常因灌溉用水起爭執，誰知你仗著自己住上村的便利，索性鼓動村民將水源擋住，下村村民無水可用，當然也是義無反顧的率眾村民反撲。於是就出現當時的訊息畫面。

這位先生聽完後苦笑搖頭，而我也做了傳達，對不對，準不準，我也不知道，但看到他的表情，讓我很懷疑，我有沒有說錯？真的！就算錯了，也不是我編得出來的。

這位先生在菩薩的幫忙下做了調解，正當他要離開時，他來到我身邊笑笑的謝謝我，我說：對不起，若說的不對，請見諒，畢竟我只是傳遞上面給我的訊息。他說：師姐，感謝妳，其實，我與太太的家都是開國術館的，就是因為雙方都認識，又是同行，太太對推拿等都很在行，不久就結為夫妻，共同經營國術館工作，婚後才知道，太太脾氣超大，且力大無比，常對小事發大脾氣，更會對我拳腳相向，當然我也不甘示弱，所以常搞的雞犬不寧，傷痕累累，不僅如此，只要讓娘家的人知道，一定率一堆親戚來興師問罪，甚至又開打，揍我一頓，最慘的是想離婚都離不成，為了孩子，只能忍耐，但現在有一個無法忍受的事情，就是太太對婆婆很不孝，現在婆婆死了，連拜都不讓他拜，身為獨子的他，真的無法再忍了，經人介紹特來請教。還不斷感謝我，讓他了解這些因果，讓他知道原來自己是在還債，如此才較能釋懷些。

這樣的因果債，償還在現實生活中，的確相當無奈，但又如何？也只能以和為貴的去做，盡量去圓滿，可能有人會認為，這樣不是太消極了嗎？其實不是的，就因為離婚不成，反而讓他有機會償還，所以就只能「甘願受，歡喜還」，哪天緣盡了，還清了，自然就歸於平靜，若未還清，依然是欠著的，現在還不了，來世還是要還，躲不掉的，更何況下次再償還時，利上加利，一定更慘，所以只能勸各位「遇事則應，事去則靜」，用平常心去處之，用感恩心去包容，自然在生活中的償還，能更有智慧的去處理，去圓滿。

前世密醫

有位中年太太經人介紹，特來幫她的孫子問身體，於是與這位年輕的阿嬤到地藏菩薩案前靜心問起，突有一個畫面，一個約四五歲的孩子，怎麼看起來還不會走路呢？於是我問了阿嬤。阿嬤，妳的孫子幾歲了。她說：今年五歲。心想，那畫面中的小孩應該就是他吧？我又問，怎麼五歲了，腳還不能走，有沒有看醫生？醫生怎麼說呢？

她說：這孫子剛出生時，白白胖胖好可愛喔！慢慢長大些，才發覺學走路時不會走，學說話時又很遲緩，一直陸續都有在大醫院做檢查，直到最近，醫生肯定的說，是腦性痲痺，說著說著，阿嬤眼淚也不聽使喚的流，我請阿嬤別傷心，我們來問問菩薩，有什麼我們可以幫他做的，盡量來做彌補來幫他。

菩薩給了幾句話：

前世密醫來做起
將人性命來誤起

今日因果還給他
看他如何來還起

阿嬤聽了好像還很不了解，張大眼睛看著我，於是我跟他做了說明，我說：阿嬤，菩薩說：你的孫子前世是一位密醫，因為是密醫，技術也不好，醫德又不佳，所以誤了別人的性命，今天菩薩將這樣的因果還給他，當然，不是再讓他當密醫，而是讓他當那個被他誤了性命的角色，看他該怎樣來還起，他當時的因果。

阿嬤無奈的說：現在他這樣，走都不能走要怎麼還呢？對，該怎麼還，這時候當父母的心態就很重要，看你是怨天怨地，埋怨老天爺的不公，讓你生了這樣的孩子，還是誠心接受，上天給了你一個，不會再造業的小菩薩來考驗你的心性。

其實上天很公平，不屬於你的上天絕不會讓你去擔它，因此這孩子與他的父母一樣，有他們的因果在，或許在那一世中，這位密醫，就是用這樣的不義之財在當時做享受，養妻養子孝敬父母。這一世的家人，過去生也是一家人，因此，在償因果債的同時，他的家人也共業其中，同樣要付出。

我跟阿嬤說：阿嬤，今天孩子既然生在我們家，當我們的小孩，不管孩子如何，是否合乎我們的理想，都有很奇妙的緣份在，現在醫學又這麼發達，一定要和醫生好好配合，讓孩子的不便降到最低，而家人父母也一定要以更多的愛心、耐心和孩子一起成長，能力所及盡量幫助他人，甚至多勸勸有同樣狀況的家屬，多用愛心對待孩子，也是功德一件，如此才能慢慢的來還起，若是無法用愛心耐心對待孩子，或想不去搭理，想讓他自生自滅，最好希望趕快讓他回老家，這種壞念頭，不但不能如願，反而會更不幸，更不順，畢竟，孩子在還因果的同時，家人也在還屬於他自己的因果。

是否有人會問，每說一句話，做一件事都要想到因果，那不是很累，很有壓力嗎？其實沒那麼辛苦，這種看不見的因果，相信的，自然有警惕心，不信的，依舊我行我素不受影響，但種什麼因，收什麼果，卻是不變的定律，只要大家心存善念，說好話，做好事，在生活中落實，我想，那果實也一定是甜美的，而在不知年代的累世，縱使有不好的「因」，求償於現在的現實生活中的「果」，上天也會在你的功德存摺中，自動幫你扣帳償還，讓你大事化小，小事化無的平順償還，你的人生，自然平安順利。有智慧的學道者，是將抽象的「道」，落實到生活中的「生活禪」。

前世夫妻

有位王教授，每次總是夫妻一同前來，很讓人羨慕，聽說蔡教授是做電腦軟體的，還在大學兼課，而太太是一名藥劑師，大家心裡當然很好奇，這樣一對高知識水準的夫妻，怎麼會來此結緣呢？

蔡教授說了他的結緣過程，記得他的開場白既直接又震撼，他說：「我以為自己很聰明，連博士都唸了，但我錯了，現在才明白，以前的我只是用腦，以致使用年齡遠超過實際年齡，而現在才真正運用智慧去體悟。」

於是開始敘述幾個月前，因為妹妹身體不適，總是查不出什麼毛病，經朋友介紹與師兄結緣，回去後向哥哥說了這裡的情形，他覺得好奇也詭異，唸理工一向講求科學、證據，哪會信這些，為了怕妹妹受騙上當，第二次便和妹妹一同前來。

當天進到師兄問事的辦公室，總感覺有股熱氣，而師兄的桌子，甚至連師兄開的文寫的字都是，師兄看得出他的好奇，所以，讓他靠近用手去感覺那股神奇的熱氣，總是在實驗室中研究量子、分子的他，自然對磁場的神奇力量不陌生，這熱氣是一股很強的磁氣，讓他感到這裡的磁場非常好，非常強，而這種強烈的磁力吸引著他。

再與師兄聊過後，了解這種無形的強烈磁場，是無法造假的，慢慢的，他自己用身體去體驗，靜坐、調氣、調體，在自我親身體驗下，肯定這樣的感覺，不僅在身體上的改變，心靈的寧靜，才是他最大的收穫，原本篤信佛教的他，就這樣結下了善緣，在此與大家做學習。

長這麼大，學的是理工，一切是科學為依據，沒想到再來到這裡，是完全無法用科學去解釋釐清的，卻可以讓他這樣真實去感受，甚至改變，現在對任何人、任何事都不會像以前，就只是用「理」去處理一切，而是更能用其他角度去切入、去觀察做處理，發現更能得人和，更能圓融，這不就是我們要學道，談修道的最佳方式嗎？或許有人會說，這道理大家都知道，但畢竟是看人做，聽人說，而當自己能真正去了悟時，這種真實的領悟是刻骨銘心的，是自我智慧的開悟，才是自己真正擁有的。

某次法會將屆，我與桂芬搭了蔡教授的便車，一同前去，沿途我們一路閒聊，曾在道德經中的心靈藥方，看到一則是這麼寫的，「我們常要人放下身段，其實根本沒有什麼身段」，的確，在學道、修道甚至於生活上的種種，其實只是扮演不同的角色，而角色的轉換更是重點。假設今天你是校長，回到家只是為人夫、為人父，若此時角色無法做很好的轉換，還是一副校長的威嚴，一副老K臉，那孩子會與你親近才怪。此時若能做很好的轉換，相信屬於你的每一個角色都是稱職的。

但這樣的角色轉換，不是每個人都做得來的，就像在一個道場中，平常的你或許真的很不凡，但在這樣一個共修的地方，若還是認為自己很不凡，不懂自己現在的角色扮演，那只是讓自己，築了一道無形的牆，讓人無法接近你，自然無法在此與大家融洽相處，別人經驗上的學習，是你得不到的，上天更不會喜歡，這種不懂謙卑的學生，而蔡教授，你就是那種角色轉換得很好的人，認真學習，不恥下問的好學生。

不久，坐前座的桂芬突然側著臉，雙手撫摸著自己的長髮，她問：蔡教授，你有姐姐嗎？他答：沒有呀！我與桂芬互看一眼，我們知道，在車上還有另一個看不見的她存在著，我們並無法對蔡教授做切確的說明，所以沒再提了，到了道場，我與桂芬偷偷的嘀咕著，她說車上那位是長髮，但嘴巴怎麼是歪的，很不解！

我們各自先後去上香，桂芬先去，隨後我也走到地藏王菩薩案前跪著，但頭卻直往上揚，脖子不自主的拉得很長，此時，這位看不見的姑娘已經在我身上了，這時蔡教授正跟在我後面要上香，於是我麻煩他去請師兄過來，他看我的樣子不大對，所以很緊張的去請了師兄過來，而師兄一眼看出我的樣子不對，就先幫我將高吊的脖子先放下來減少不適，又問，請問妳是哪位，有何事請說？

我感到此時的我是一位心中充滿哀怨的女子，她側著雙腿坐在地上，深吸了幾口氣哭著說：「某大姐是無鹽女」，我是他（手指著蔡教授）三世前的妻子，名叫陳春花，嗚……嗚的哭了起來。喔！原來在車上的那位也跟下車了，而且在地藏王菩薩案前現形要伸冤。

師兄說：「妳是三世前，請問是什麼年代？」

她說：「奴家是明朝女。」

師兄又說：「妳不要傷心，妳沒有長得難看，既然有緣來此，就說清楚，讓菩薩做主」。

嗚……她又啜泣了幾聲，說了：「某大姐是無鹽女，奴家陳春花，今年二十八，指腹來為婚，奈何春花生來五官就不全，二十歲那年依約來完婚，但他（又指著蔡教授）娶妻又納妾，我都不打緊，但是他和他的妾們嘲笑我這個無鹽女，最後還將我來休離。」

嗚……（她愈說愈傷心），又說：「無鹽女被休離，沒臉可見人，自盡來了斷。」

嗚……（原來她是上吊自盡的，所以我的脖子是往上吊的）。

師兄說：妳怎會做這種傻事呢？她又說了：「無鹽女，被休離，沒臉可見人，自盡來了斷，誰知苦更苦，不得來解脫。」

此時的蔡教授一臉茫然的說：雖然經過那麼久了，對不起，害妳受苦了，請原諒我，那我現在該如何幫妳呢？她盡是傷心低頭不語。於是師兄請她先退下，先在這與菩薩同修，過幾天的法會再幫她引渡。

以前，我總覺得歌仔戲為什麼一句話不用說的，要用唱的那麼長，現在才知道或許這也是有考據的，因為這位春花姑娘，剛才就是用邊說邊唱的方式，來說明她的過程，且不是白話語，而是台語的文言文，讀音不是我們所用的口語，真的很玄！

當然在場的每一位都很震憾，深覺不可思議，天啊！明朝至今幾百年了，這位春花姑娘真的很苦，而蔡教授也很誠心的懺悔，也答應在這次法會中替春花姑娘引渡。

兩天後，我們去幫忙法會的鎖事，這天大家都很忙碌，一直到要回家時，突感頭重重的，於是和桂芬又到地藏菩薩案前，原來又是春花姑娘，她說：她來到這裡，很多人，但她只能躲在角落，因為大家都嘲笑她。桂芬一直勸她，沒人會笑她，自己心要放開，不要自卑（習氣並為因無肉身而改變，依然相當執著當時的容貌），便說：求妳，潘師姐，將我面容醫。

我們很了解，春花姑娘很在意自己的容貌，於是我倆跪著求菩薩恩准，讓我們來幫春花姑娘醫好她的容貌。結果菩薩不准，祂說了春花姑娘的因果，春花姑娘的前世是一位富家女，很勢利，毫無仁慈心，對人總是很不體諒，尤其嘴巴超壞的，總是用最難聽的話來罵人，而眼睛也很不屑的瞪人，總是狗眼看人低，這樣的招牌動作，得到上天的懲罰，再她的下一世，同樣是個富家女，但是個五官不全，眼歪嘴斜受人嘲笑的女子，她不但沒能忍辱，好好還起因果債，還以自盡來了斷，因此菩薩並未答應我們的要求，讓我們替春花姑娘醫治她的臉，畢竟這是她的因果業報，沒人擔得起。

想想，當初春花姑娘應該就是個富家女，否則雖是指腹為婚，但五官有嚴重的殘缺，照說男方有可能會毀約，就因為有點勢力的關係，男方才會履約，但同樣的角色；命運卻完全改觀，種種的不幸，只為「種因得果」緣。

而現實生活中的蔡教授，人雖高大，身體也不是很佳，他有個習慣，就是喉嚨總是會有怪怪的咳聲，沒感冒，沒抽菸，就是咳，而那種咳聲，聽起來總讓人感到喉嚨很緊很不舒服的感覺，或許這是春花姑娘對他的提醒。經過法會的引渡，春花姑娘的容貌也在大家的誠心求菩薩後，容貌也得到很好的改善，而蔡教授的喉嚨也不藥而癒，或許這就是因果病吧？總算得到很好的調解，很圓滿的償還。

這樣一段年代久遠的因果故事，就這麼活生生的求償在這現代生活中，大家除了訝異外，還深覺不可思議，除了再次說明了「種因得果」的不變定律外，更讓我們了解因果中角色的深奧，上天可能讓你角色互換的去體會當初的感受，也可能讓你再一次相同的角色，但境遇卻是完全不同，這就是因果的奧妙處。

然而時代不斷進步，E世代的青年男女，對情感的濫用，已婚男女對婚姻的責任度，及現今社會的婚外情問題，都是因果相隨，所以希望藉此因果故事，喚醒大家重視當下，無論你是信不信因果，或你的角色為何，只要記得，凡事都須自己去承擔，所以做任何事請慎思，問問自己是否擔得起，因為這樣的代價，往往是我們擔不起的，當然，也不需隨時緊張兮兮去考慮因果問題，只要本著倫理道德來處世準沒錯。

現世報一

「種因得果，報應不爽」很多因果的求償，總是年代久遠，甚至不可考的不同年代，所以不信因果的，大有人在，但卻未因不可考就可賴帳，因為上天對因果依舊是「因因果果表上記，分清分明不誤起」，是你的，絕對跑不掉，非你的，也絕記不到你頭上來，所以「禍福無門，唯人自召」，怎麼栽，怎麼收，謹慎為要；而為使人們不再強言狡辯，不認帳，上天也有令人心服口服的──「現世報」。

前些日子，錢老闆邀大家去他家吃拜拜，非常誠懇的邀約，大家也非常高興的去吃去參與，我也去了。整條街都好熱鬧，聽說，幾乎家家戶戶都殺豬公拜拜，幾年才一次，所以很盛大，而錢老闆了解因果關係，自然不願意；雖是不願意，但家中兄弟有好幾位，而父親又堅持要依照舊習俗，殺豬公來大拜拜，所以少數服從多數，依習俗殺了頭大豬公。

或許是巧合吧！吃完拜拜後的第三天，身體狀況還不錯的父親竟一時暈眩，從樓梯上栽了下來，送進醫院急診後，一直都處於危急的狀態，在加護病房救治中，而錢老闆也心急的來師兄這裡，想為父親祈福、化解厄運，希望能逢凶化吉平安無事，當時我也正巧跪在地藏王菩薩案前查事情，當師兄到場時，他父親的靈體也跟著來到了，於是我上香後，一起走到地藏菩薩案前，此時父親靈體已在我身上，由我當媒介讓錢老闆可以問問父親的靈體，有什麼可以為他做的？

而父親的靈體，就只是一直懊悔，並希望菩薩，可以再給他一次機會，再給他幾年時間幫忙家裡，帶帶孫子也好，又一直用手護著脖子後面，說明自己的傷處，一旁的錢老闆心急如焚，只能請父親務必求生意志要堅強，自己也流著淚，死命的向菩薩磕頭祈求。

日子過了約一星期，錢老闆的父親病情仍時好時壞，但靈體卻早已脫出，還曾來找過我，或許我跟他較有緣吧！這段期間正是法會的準備期，很多師兄師姐都會撥空來幫忙，錢老闆也是醫院、工作、兩邊忙，還不忘抽出時間來幫忙，真是有心。

某日，睡夢中看見錢老闆，身穿黑衣，臉上鬍渣明顯，還帶了孝；心想，糟了！應該師兄父親的情況不妙；但總希望這不是真的。果然，第二天他的父親真的走了，往生了。

有時，上天真的會讓我們可以預先知道某些事，但預先知道不好的事時，我們又無法去改變它，那種心中的無力又無奈，真不希望它是真的；而這些事又說不得，說了，不但會被上天修理，也會惹人厭，大嘴巴加烏鴉嘴。

恰巧這段期間，有談到關於殺豬公祭拜的事，大家都很好奇，上天既然慈悲勸人吃素不殺生，為什麼很多大廟的慶典，是以賽神豬的方式來祭拜，而其中又不乏一些列為古蹟的百年大廟呢？結果，老師做了說明，但解釋半天，還是有聽沒有懂，只大略了解到，之所以會淪為豬，必有牠的因果業報在，當人們殺了這隻豬公時，牠一身業障自然是要由殺的人來承擔；問題又來了？那些屠宰業、賣豬肉的怎麼辦？難道所有的帳都算在他們頭上嗎？

當然也不是；但的確無論殺豬、賣豬肉、吃豬肉的，其實都多少要去分擔豬隻本身的業障，因此我們到市場買豬肉時，不都會論斤計兩嗎？其實，不就是在說給豬隻聽，認清楚，此人吃你三斤肉，自然也帶走該分配的業障走，話說到此，一定有很多人不能認同，這樣下去牲畜誰敢吃，到時候不是豬比人多，天下大亂嗎？當然不是，大自然的食物鏈就是如此，除了抵扣自己本身的福報外，我們真的都需多多行善，也才有少許的功德，可以償還這些可憐的牲畜眾生。而那些以殺生為業的人，除了行善外，一定要懂得佈施才還得起。大廟賽神豬祭拜，上天的福德功果，應該都抵得過這神豬的業障，更何況又有這麼多參與的人來共同分擔，自然相安無事，但像錢老闆的父親這樣的個案，可能就是沒得抵扣，擔不起吧？

不久，法會時，我負責報恩堂，這次錢老闆也報名渡了他父親，法會第二天，他帶來了他的家人與母親，來祭拜祖先和父親，也請我替他問問父親，有何事要交代，父親一出來，便很傷心不捨的抱著親人，也特別交代家人，往後鎮上的大拜拜，我們家誠心參與，殺豬公的事情，絕不能再發生，當然家人自是允諾了，讓他很安心，家人問到靈體可有不適之處，他仍以手扶住後頸，表情難過的讓我們知道他的苦處，當然，法會中會有藥草來醫治他的靈體。就這樣結束他們難得又短暫的相聚。

這樣一段短短幾分鐘的靈媒代言，卻讓我明瞭許多事，真的就是活生生的因果求償於當下，連補償的時間、機會都沒有，而他當時身體的傷，靈體的傷，不就是殺豬時那刀插、放血的那一刀嗎？想想真的很可怕，而上天為何會給我如此深刻的感受呢？或許是要我將此見證，用活生生的例子來勸醒大家吧！

現世報二

這是發生在親戚身上的真實故事，就在外婆過世的第三個月，某日媽媽來電告知，一向身體還不錯的舅媽，日前突然神智不太好，還老是學人說話，自言自語的說話，對來探望的鄰居歐巴桑，罵她們是愛賭博的壞女人，平時走起路都有些吃力的她，竟可以用跑百米的速度，飛快的在村子裡跑來跑去，讓年輕的表姐騎車去追回她，大家都覺不可思議，當然第一時間就送醫院，但醫院方面卻檢查不出什麼原因，睡了一覺就回家靜養，而舅媽看著自己手上的傷，卻一點也不記得，自己昨天發生的任何事，雖然情況暫時穩定，但還是不放心。

鄰居也很熱心來幫忙，聽說隔壁村有個宮廟很靈，宮主很行，就前去請教，宮主也很熱心的幫忙，說舅媽是沖煞了，做個法事，祭改後就會沒事。幾天後，來了七、八位師兄、師姐到家裡來，人手一把的鹽米，從樓上到樓下的灑淨一次，就這樣舅媽算是穩定下來了。除了大家的擔心外，聽說要請隔壁村的神明來處理，還得經過自己村裡的神明同意，他們才能夠進到村裡來幫這個忙，但無論過程如何麻煩，總是已經圓滿了。

媽媽跟我說了這些情形，問我舅媽怎麼會突然這樣，我不假思索的脫口而出說：沒什麼，只是被修理，要她跟祖先上個香，懺悔就好了。

媽媽說：「真的嗎？」其實，我也說不出為什麼會這樣回答她，我想祖先疼惜他們都來不及，應該不會修理他們，但是，假如做的太過分，菩薩也會看不過去，會給人一些警示。

媽媽說：舅媽那天罵的那些鄰居，都是她農閒時候的牌友，而說的那些話，不就是當初阿嬤說話的語氣嗎？好像真的被修理了。

我說：既然已經沒事就好了，因為上次阿嬤往生的事，大家相信我的確可以和第三空間溝通，但對我好像有點怪怪的感覺，所以他們也不想讓我們知道這些事。

媽媽說：「是啦，我知道妳不是不想幫忙，只是他們不認同，我們也無能為力，聽說這次法事花費不少錢，希望平安就好。」的確也只能這樣祝福她。

最近的村長選舉，舅舅又選上了，週六要請客，爸媽南下去祝賀，茹素三十年的媽媽，自然是誠心去祝賀，因為辦桌的酒席她沒一樣可以吃，她還是鍾情自己的豆腐乳。宴客上除了熱鬧的卡拉ok，還殺了一頭大豬公，熱鬧非凡。據說，這頭大豬公是兩個月前舅媽生病時，要請隔壁村的神明來做法事時，立的願，現在舅媽也好了，剛好舅舅選上村長，一起還願慶祝。

一週後，媽媽打了手機給我，告知表姐來電說：舅媽星期二突覺身體不適，到醫院求診，又將她轉院到台中榮總，現在好像很不樂觀，問我能不能幫舅媽查查看。到地藏王菩薩案前查起，菩薩給的答案很失望，祂說：好不了！當然有了以前的經驗，知道凡事不能把話說的太滿，也希望我的訊息是錯誤的，所以不能告訴媽媽，只能替舅媽向菩薩求一求。

隔天一早媽媽來電時，人已在南部，昨晚連夜趕下去的，舅媽已經往生了，表姐說：舅媽星期二住進醫院一切都還穩定，有時表姐與她說話，明明只有兩個人，舅媽卻說有其他人，還叫人進來坐，讓表姐很擔心，星期四她發覺舅媽整天的排尿量少得奇怪，通知護士後，護士才緊張的發覺，病人所打入的針劑全停留在體內，情況危急，漸漸的意識不清，但總是口中唸唸有詞，最後還是引發腎衰竭，走了！人的生命真的好脆弱，短短幾天就走了，舅媽是裝在冷凍櫃回家的。

媽媽說：舅媽的身體腫脹，臉部更是腫大的離譜，比以前大三倍，大冷凍櫃還是硬擠下的。媽媽說，大家都回去了，表姐哭得好傷心，說要幫舅媽摺蓮花，縫往生被，她知道我會摺蓮花，問我有沒有空可下來幫忙，我當然是盡力而為。

於是交代孩子的事情後，帶了108朵往生蓮花，下午就南下了，到了彰化家裡已經傍晚了，我先到靈堂向舅媽上香，感覺到靈堂怪怪的，眼尾餘光一看！天啊！嚇死我了，怎麼一隻大大的黑毛豬，就靠在靈堂前右方，仔細一瞧又沒了；我心一靜，先將香插上，轉過頭，向著天空請地藏王菩薩作主，我問菩薩，怎麼會這樣呢？祂說：

雖是身為六畜豬
非你可以來屠起
自身罪業難擔起
加上豬命歸陰司

菩薩說的夠清楚了。原來是還願那隻黑毛豬，讓我連想起上次那位錢老闆的父親往生，也是因為大拜拜殺豬公，自己福報又不夠，背不起豬公的業障歸陰司了！想想，真的好可怕的現世報。

我與表姐趕緊將往生被縫上108朵蓮花，幫舅媽蓋上，表姐哭著問我，能如何幫幫舅媽，我沒敢回答她，但私底下我也求過地藏王菩薩，但祂總是不讓我幫舅媽做任何事。

索性又走到靈堂前，希望舅媽若有什麼我做得到的，直說無妨。結果，什麼感應也沒有，正想離開，又看到黑毛豬了！

我說：豬公，你快走開，不能在這裡，這樣來靈堂上香的人都拜到你了你受得起嗎？我不管你有什麼恩怨的，你到你該去的地方再去投訴，快走！牠無助的望著我。於是我馬上摺了12朵往生蓮花，向地藏菩薩稟過後，化給了豬公，果然，豬公走掉了。

兩週後，舅媽出殯了，距離殺豬公還願慶祝時剛好一個月，出殯的場面依舊是熱鬧非常，陣頭多得叫人眼花繚亂，表哥表姐們傷心欲絕，大家也都傷心難過，我也哭了！我哭人們的愚癡不清醒，我哭，上天為什麼帳算的那麼準、那麼快。我哭，為什麼世人眾生如此難渡！

雖然知道不能隨意殺生，也曾看過雞販的生意好的不得了，商家主人身體老是開刀，而且不是頸部，就是腹部，活脫像是殺雞樣，若真如此也很無奈；但這些事總要有人做。只能說，在捨與得之間，自我去感受，得到金錢，就須捨去自己的福報來交換，還不起的就磨身體。最重要的是，要多多行善立德，才能真正處於世間了願的同時，也渡化了這些可憐的雞靈。

一連串的事活生生的發生在周遭，但對於大廟的賽神豬還是很不解，某日夢中來了一位臉黑黑的老者，我不曾見過，但他卻一直對著我笑，我便禮貌性的點頭微笑回禮，他笑得更開懷，說了一句「清水祖師公」就走了，我也醒了。隔天心中老記住「清水祖師公」，但對我這種連菩薩都認不清楚的天才來說，的確有點困難，心想，天啊！該不會在台中清水的祖師公吧？那很遠耶！又是什麼用意呢？

於是去電告訴桂芬此事，她也說曾夢見一位黑臉的老人，也笑笑的不說話，但不知是不是同一人，兩人更好奇了，好奇歸好奇，兩個一樣天才的人一樣無解，於是商量的結果，去電請教，教我們道德經的陳老師，陳老師說清水祖師公廟就在三峽老街。聽了很高興，哇！還好，不是在清水就好，因為近，隨時都方便去。

第二天中午便和桂芬一起到三峽老街的祖師公廟，上香參禮時，我和桂芬都好高興，因為殿中的祖師公，真的是夢中的黑臉老人，讓我倆覺得好玄奇！上香後就在大殿旁邊的岩石椅上閒聊，廟中有一位八十幾歲的老先生，正在為遠處來的遊客解說、介紹列為古蹟的百年老廟中的建築，及清水祖師公是福建安溪，來台的地方神及種種由來，也說到每年祂的聖誕，都會殺豬公來慶賀，耶！這不就是一直想知道的問題嗎？於是我和桂芬就不客氣的發問了。

我問：請問，上天不是要我們不殺生嗎？為什麼祖師公還要殺豬公來慶賀呢？有沒有什麼緣由。這為老先生很有耐心的為我們解說，他說：「其實這也不知道是什麼緣由，就是從以前就這樣流傳下來，真正的原因到現在也不可考了，只是以前很多人有養豬，現在養豬的人也少，也不方便了，所以每年的聖會中所用的大豬公，都是有專人在飼養的大豬公，而且豬圈還很乾淨有冷氣吹，不夠大不夠肥還登不上台面，所以現在都稱『賽神豬』。」

很感謝解說老先生的耐心說明，但我們還是沒得到想要的答案，於是索性和桂芬就去跪在大殿前，直接請問祖師公告訴我們，廟中賽神豬的由來，不一會，只聽見幾聲爽朗的笑聲，祖師公說話了，祂說：很久以前，初到此地，在一次水災中顯靈救了一位善心的員外，這位員外感念祖師公的救命之恩，便在祖師公的聖誕，殺豬公答謝，當時村民生活困苦，員外便將這豬隻的肉，分送給村民，一來謝恩，二來佈施，因為此做法不但很有意義，且村民受惠，就這樣延續下去，在員外去世後，便交代兩個兒子，繼續做這樣的佈施事情，員外死後，一向不和的兩個兄弟分了家，次年祖師公聖誕，也分別殺了豬公前去慶賀，孰料弟弟殺的豬公比哥哥大，哥哥面子掛不住，第二年哥哥殺了一頭特大豬公比弟弟大，豬隻比大小，連嘴裡咬住的也由橘子比到鳳梨，就只是無謂的爭權奪利，完全失去當初的意義了。

一直流傳到現在，吾，也曾經托夢給廟中的委員，要他們廢了這個習俗，但總是反對的人多，所以一直無法改變它。妳也了解，習慣一旦養成，是很難去改變的，更何況現在有那麼多人的意見，自是困難重重，而且現在的賽神豬廟會，也成了地方上爭權奪利及選舉時，人情交際的一個好會場，因此，要這些名利掛帥的世間人廢了此習俗，更是不容易啊！不過沒關係，每年賽神豬廟會時，吾，仍很高興的看著大家，我不是看豬隻的大小，而是看人們的心，看人們的善心和誠心，那才是最重要的。

祖師公說完了，我們也恍然大悟，我又好奇的問了祂一個問題，我問：祖師公，我從沒來過這裡拜拜，你怎麼會來我的夢裡，又怎麼知道，最近我一直為殺豬公的問題不解呢？祖師公爽朗的笑著說：「傻孩子，妳有一世跟著我修行，我們有一段師徒之緣。」原來如此！

非常感恩，祖師公讓我們了解這些事，解開我們的疑惑。

很多時候，只要心存善念，真的！

自我立願

某日任職軍官的好友來電閒聊，談起同儕中有一位女姓軍官已婚，卻一直為了唯一的孩子擔心不已，詳問之下才了解，這位年輕女軍官，嫁了一位非常優秀的軍官，兩人官階都不小，很幸福美滿，育有一子，稚齡兩歲非常好動聰明，孩子一直讓褓姆帶，但就是不會說話，其實，在孩子更小時，媽媽就已經發現，孩子不大會尋聲找物，更不會像一般同齡孩子咿呀學語，也曾到過醫院求診，但醫生總是說：「這一定是妳的第一個孩子，難怪那麼緊張，每個孩子學習能力都不一樣，他又沒兄弟姐妹可一起學習，當然比較慢；妳沒聽過，大隻公雞比較慢啼嗎？別緊張，第一次當媽媽都是這樣的。」一直到最近，發覺孩子似乎比同齡孩子，真的慢好幾拍，才驚覺真的不對勁，於是到大醫院做了最詳細的檢查，才確定孩子是位聽障兒！

當然，一再的重複到不同醫院做檢查，其結果都是令人失望的，於是醫師建議他們為孩子，植入最新的電腦助聽器「電子耳」，但幾經考慮後還是放棄，因為一旦植入這個價值不菲的助聽器後，就等於去破壞僅有的一點點聽力，而哪天突來的打雷，都有可能去傷到孩子的腦部，最主要是這孩子活潑好動，將來很多運動，例如：游泳就無法學習，生活上或許因聽力可以做很多事，但孩子的快樂成長將會有所阻礙，於是他們接受事實，讓孩子開始接觸啟聰訓練。

而從小家住媽祖廟附近的年輕媽媽，始終相信會有希望讓孩子更好，自然求神問卜，多管其下的希望奇蹟出現，也曾經有人告訴她，只要為孩子做些法事化解，孩子會好的，但所費不貲，最主要是她相信，卻不迷信，當然不會去做這樣的荒謬事情。

有緣經過介紹與我認識，當然也非常希望，在這裡可以有奇蹟發生，但在我的立場，只能期盼菩薩感動，讓這位誠心的媽媽有奇蹟出現。我們到地藏王菩薩案前查起因果，結果菩薩給了幾句話，清楚的道出這孩子的因果關係：

壞耳學話起
將人來害起
雖是懺悔起
傷害造成起
自己立願起
從此不聽起

好好來修起
彌補來做起

菩薩，也給了我一些畫面，讓我了解此事件的緣由，這孩子前世，是一位英俊挺拔的年輕人，因妒嫉心強，見不得別人好，而偷聽了別人談話，又斷章取義加以抹黑，又以訛傳訛的，到處播散不實謠言，雖然東窗事發後受了教訓，嚐了惡果，最後雖知錯懺悔，但傷害卻已造成，無論如何彌補，始終躲不過自己良心的譴責，於是自己立了誓願，從此不願再聽見任何聲音，嚴懲自己，他的後段人生，便默默行善，無言的終老一生。

很明顯，這樣的結果讓人失望，上天不但恩怨分明，也很無奈，在他的這一世中，上天竟也應驗了，當初他自己立下的誓願，讓他一生都在無聲的世界中生活，也表示當時所做的錯事，並沒因為後來做的懺悔而銷聲匿跡，而只能做到些許的彌補而已。

雖然，這樣的結果令人無奈、失望，但感恩的是，孩子的父母親是那麼明理、有心，全心全意的用愛心、耐心陪孩子成長，讓孩子可以在最佳時機，接受啟聰教育，讓孩子的生活不便降到最低，更很肯定的告訴我，一定會盡量行善，不僅是為孩子，而是希望這個世界更祥和，相信將來孩子，一定能突破生理障礙，做一位成功的佼佼者。

很遺憾，沒能給他們一點實質上的幫助，但這樣一個因果故事，給了我很多啟示；除了讓我們更明確的知道，凡事因果分明，凡事謹慎，勿再造因造業，多多行善積德，將來才有善果。

而在日常生活上，也不要太計較，得饒人處且饒人，吃虧就是佔便宜，不要有妒嫉心，凡事勿多疑心；與人相處中口氣更要和善，不要太銳利，因為可能因一時生氣，對人說了太銳利、太重、口不擇言的話，當氣消後才後悔、道歉，可能都於事無補，就像拿一把銳利的斧頭，往樹幹砍去，氣消了、後悔了、情緒平復了，但樹幹上的傷痕，卻好不了，這樣的代價，常是我們始料未及的。

還有人常會說一些不負責任的話，隨便發誓立願，自己卻不一定做得到，所以做任何決定，先摸著良心，問問自己是否做得到，再做決定，對自己負責。

這些話語常用來勸人，但實際用於生活中卻不易做到。

楚王霸主

有位吳小姐找我，希望我可以到醫院看她的堂弟，因腦軀幹長瘤，住加護病房一段時間了，常有病危通知，有時家人趕過去就又穩定下來，這已經是第四次腦軀幹長瘤了，割掉一段時間又長出來。

我了解它的用意，希望可以藉由我，去醫院感受一下病人身邊的障礙，與它們溝通，排除，讓病情可以更有進展，畢竟是個壯年人，孩子半大不小的，雖然家境不錯，但總是年輕的生命。當時我完全沒有接收到，可以前往的訊息，所以也沒答應。

因為加護病房探病有時間限制，而且一次只能兩人，還要穿防護衣防止感染，所以就教她如何處理，告訴她，到病房邊時，就用心祈請，在病人周邊的無形朋友們，你們這樣也不是辦法，病人不醒你們也白等，不如請到地藏菩薩那裡聽經聞法，我會請她的家人印善書，或做功德的方式迴向給你們，當時我是這樣教她的。結果她去了兩次，回來告訴我說，她完全不行，每次去到病床前，拉起布簾，站在病床前就叩的一聲，雙腳就跪在地上眼淚一直掉、一直掉；沒來由的流眼淚，想站也站不起來，就這樣哭半小時，探病時間到才起得來，所以，還是希望我可以去一趟；當然，實在拗不過她的請託，於是請求菩薩，這次祂答應我前去了。

隔天十一點的探病時間，我們約定在醫院碰面，我請桂芬一起前往，時間寶貴也情商讓我們四人一起進去。穿上隔離衣，一進入就拉起布簾，閉起眼睛，用心念與他們溝通。吳小姐一樣還是跪在床前，我開始溝通，並張開眼睛開始，掃描周遭所有的地方，從病患身上到布簾，一一掃描；天啊！一個不到兩坪大小的空間，竟是如此沉重，密密麻麻，這是我頭一次感覺如此沉重，只能用千軍萬馬來形容。對！就是千軍萬馬的感覺！不但沉重還很吵雜！

不一會帶好了，探病時間也到了。由吳小姐與堂弟媳開車，到地藏菩薩案前調解處理。正逢中午車子很多，塞車，動彈不得！我與桂芬坐後座，前座的吳小姐被干擾的坐不住，非常的不舒服，頻頻回頭說：我快死掉了！桂芬也不時的與我四眼對望，我們都明白，數量實在多到讓我倆感到不能太大意，也一直保持警覺。但吳小姐就是如坐針氈，完全坐不住，頻頻回頭，不時的難受呻吟，於是我用心再與它們溝通，並沉重的拍兩三下手，請它們別躁動安靜下來，果然暫時的穩住吳小姐。

桂芬問我：明雪，怎麼有好多沒有頭的，是怎樣？而我除了控制全車，還要不時再溝通，其中有一老翁，一直要求我為他主持公道，我也安慰著說：我何德何能！今天既然有這個因緣，菩薩會作主的，別擔心！他啜泣的嘆息！

於是，我們在一路拍手控制，與安撫溝通，塞車近兩小時來到地藏菩薩案前，真是一段百感交集的塞車路。

一下車，我直奔地藏菩薩案前，那位老翁一直等著。我跪到菩薩面前，此時，老翁已經等不及的啜泣起來（此時他已在我身上，當然我也可以請他說，由我來轉述，但這一路上老翁與我的溝通，直覺他溫文客氣帶著無奈與感嘆，因此決定讓他自行表達）。老翁帶著傷心的低泣，舉起握拳顫抖的右手，表示想用書寫的，桂芬遞了白紙與原子筆。於是，老翁跪趴在地上，用寫毛筆的手勢，懸臂的寫了起來，還不時的停頓啜泣再寫，寫完還跪起，用左手，拂了右袖，還了右手的原子筆（此時的我，感到老翁內心的沉痛，但又有如釋重負的感覺，應該是終於得以伸冤的感受吧！）還是顫抖啜泣著。

天啊！手拿原子筆竟用懸臂寫毛筆的方式寫出告狀書，好震撼！內容更震撼！

天地為鑑 菩薩作主

老夫王造，春秋戰國人氏，小犬王彬乃楚王霸主手下一名小將，因奉命殺敵取首。

小犬一時心軟不忍殺之，乃受楚王來誅之，其首，高掛東城門口示眾，並誅滅九族，老夫一家五口因心生害怕，雙雙自盡身亡，孰料楚王竟下令，將屍首吊高示眾並鞭屍。此怨怎忍，天地不容。老夫王造申旨請令，只求一吐怨氣，還老夫公道、公理。

今日眾師姐善心求起，願能調和此怨，老夫王造心有不甘，求地藏王菩薩還老夫公道。

另楚王之母，教子無方，自是受老夫連帶求償。老夫，不貪不求只求公理。

王造揮淚筆書

夠震撼吧！連由我的手寫出來，我都嚇一跳！原來這個病患，過去生曾是春秋戰國時代人氏。當時小國紛立，常有戰事，歷史上有名的戰國七雄，是這樣打打殺殺下的結果，在七雄未完全成局時，其實是不斷的易主，最後強者七雄才出線，成為歷史上的戰國七雄。而老翁的怨，不只對當時的楚王，還連帶求償楚母（手指向吳小姐）因為，教子無方危害生命。

當然，除了感受了老翁百感交集的心與同情外，我們還是不斷的祈請地藏菩薩作主，並請老翁就此調解與放下，畢竟冤冤相報何時了，這麼久遠都因怨懟，無法給自己機會，希望就此因緣成熟了；惡緣善了，寬恕、放下是唯一的明路。至於那滿車的苦主，受傷的、沒頭的，當然沒法讓它們一一陳述，難怪病患，一再於腦軀幹長瘤，我想一百個頭都不夠砍，當時的戰爭就是砍頭取首級。就這樣請地藏菩薩作主調解，了結了這段牽連多人的因果。不久就是秋季法會了，就用這樣的機會，渡了這些可憐的冤親債主。

你說信不信因果，有人鐵齒，以為看不見就沒有，遇到不順、病痛、挫折時就怨天怨地的，感覺老天爺捉弄他，孰不知此生命運劇本，都還是自己撰寫的，所以要改命改運，唯有先改自己的心。

吳小姐被連帶求償，嚇了一跳，難怪，每次去到病房，就是跪在床尾。她表示，從小堂弟就天不怕地不怕，脾氣也超大，沒有人說得動他，卻唯獨只聽她的話。她也很疼惜這個弟弟，雖然常常被他氣的要命，最後總還是向他低頭。堂弟媳常因堂弟脾氣壞透，請堂姐去勸導他。全部的人也只有她與弟媳受得了他。

吳小姐家開中藥行，專門幫人調養身體，自己也長期調養，年過半百的她，從年輕調到現在，只希望可以有自己的孩子，可是完全沒用。我想，教子無方是上天不給她孩子的真正原因。而唯獨弟媳可以忍受他也是因緣，因為……弟媳是他當時寵幸的愛妃。

更名

某日媽媽與嬸嬸去醫院，探視一位道親阿姨的女婿，事後媽媽告訴我，她看了覺得，阿姨的女婿很可憐，問我可不可以幫幫她？聽說，這位女婿身世滿坎坷的，沒什麼親人，身體又病痛很多，醫院兩百多萬醫藥費，現在還欠八十多萬，約四十歲的年輕人，一路上還好，娘家人照顧相挺。於是查了一下問菩薩，答案是：

明雪：此事你不必插手，此人的業報，沒人可以替他擔起。

我如實的回答媽媽。當然阿姨知道後又更擔心，打了電話問我，怎麼辦！可以求求菩薩嗎？她說，女兒女婿都是在道場上很發心的人，女婿長得不好看，家境也很差，就是為人很善良忠厚，當時有反對女兒與他交往，但女兒堅持要嫁他，為人父母也只能成全與祝福，婚後身體狀況開始變差，小孩才剛上小學，我們不幫他，就沒人可以幫他了，醫藥費都還沒還完！我也只能盡力，希望他放寬心，身體快好起來，其他的事再想辦法。王阿姨一家人都是虔誠的道親，我們都認識，王阿姨給了我女婿的名字（X謹聲），經她這麼一說，我又心軟了！再求菩薩：

菩薩給了下面的話語：

前世無不做
專賺黑心錢
無心又無肝
叫苦也無嘴

此人
宋朝時名叫Ｘ宏
半路攔劫路人財
殺傷人命來做起
今日苦果來收起
怎能哀哀叫苦起

明雪，這些人都是世間人因果的實情，讓妳來查起只希望這些因果事件，告知更多的人，因果業報的重要，不是不報只要時到，所有的果都須自己承受。

此事不是妳可以求得起的，他們的福報不足，不需你來帶，病痛拖磨是必須承受的，暫時放下此事。

還是不行，菩薩說不行！可是我跟王阿姨說我盡力，媽媽也說很可憐，希望盡量幫助他。我說：菩薩，給他機會，他們在道場都很發心的，最後菩薩答應讓我前去。

隔天，我請桂芬與我同行前往醫院，他住的是單人的無菌病房，王阿姨說：女婿這次是換肝手術，等了好久才等到，一般人會排斥，但女婿的狀況沒有排斥，卻不明原因的嚴重過敏。

相信嗎？我所看到的，竟然如菩薩說的一樣。他一眼裹著一團突起的紗布，另一眼也腫的瞇成一條線，雖然他聽見，知道我們來，也坐起來與我們打招呼，雙唇腫的像掛兩條香腸（不是鑫鑫腸，是一般香腸），所以嘴巴根本打不開（叫苦也沒嘴）。一直點頭表示感謝，但雖了解此生的他，生性良善，但面相卻是出奇的兇樣，活像電視劇中土匪扮相，讓我又連想到查因果時，看見的畫面。

與王阿姨寒暄幾句後就開始，雙眼開始掃瞄，將干擾的無形眾生集合，溝通。此時桂芬說：明雪，有一位雙眼被戳瞎還流著血的很生氣，怎麼辦？於是又個別溝通，看見畫面。當時他是一個穿著古裝粗布，打家劫舍的土匪，經常於半路樹叢後竄出，殺人幾刀，搶了錢財就跑，倒也無心真正想殺死對方，但被他強奪財物又殺傷的人還不少，某次遇一位大漢捅一刀沒倒下，反而跟他拼了起來，拉扯間扯下他的伏面巾，看見了他的臉，於是他戳瞎了對方的雙眼。

冤家宜解不宜結，經過溝通，還是勸下了它。但是也活生生的償還於現實中，沒有人可以替代。

王阿姨說：女婿之前換過腎臟，現在換肝臟，之前一隻眼睛已經看不見，另一眼神經也受損嚴重，視力很微弱，這次換肝嚴重過敏，醫生曾說，眼睛可能不樂觀，想問我能不能幫忙。我陳述了剛才的畫面，請她不要抱太大希望。也拿了菩薩說的那段話給她看。

王阿姨看完，喔！的一聲說，難怪！連名字都一樣；原本，女婿名為X武宏，因為一直身體欠安，到處求神問卜的，有一名大師，要他改名字低調過生活，幫他改為X謹聲。所以我根本不知道，他改過名字，而菩薩說他宋朝時名叫X宏，玄不玄！不由得你不信。

看畫面的同時也明白，為何此生王阿姨一家會與女婿因緣那麼深，所有的醫藥費與一切都是她們在打點，因為過去生就是一家人，打家劫舍搶來的財物，讓家人過好日子，共業啊！

當然帶走的無形眾生，在某次的七月法會，引渡冤親債主就圓滿了。幾個月後，聽到他們的消息是已經順利出院了，那隻眼睛還是沒能痊癒，現在在學習盲人按摩的工作。

改名字，時下很多人都有經驗，難叫的改，難聽的也改，諧音的也改，不雅的也改，生活不順的也改，改來改去還可以改好幾次，每個人的名字，都改的很好聽文雅多了，每個世代連菜市場名，也不同了！你可知，每個人都有一個本命名，就是父母親取的那個名字，那不是亂取的，都是依照本命所產生出來的，無論當時是什麼情況下取的，都是內在神性引領下產生的本命名，不是換掉就好。

曾經有位三十多歲的女兒，將名字改了，當然要求大家喚她新的名字，老媽媽叫慣了，一時改不了；吃飯時，媽媽還是不小心叫了舊名字，還連叫好幾聲要她吃飯，只見女兒不回應，臭著臉怒氣沖沖的跺步出來，大聲並翻著白眼的說：妳到底叫誰！老媽媽一臉無奈。改名字，自己內在、習氣、脾氣毛病沒改，改名為孫芸芸，也不會像她那麼美麗優雅和好命。當然業力也不會因改名字而不見，別傻了！

察覺到自己內在及各方面的不足，也能於日常生活中慢慢的調整改變了，若覺得可以讓自己更美好時，換個名字，換個心情揮別不好的過去，此時改名字那是有加分的，所以最重要的還是自己的內在，因為外在的一切都只是內在的投射。

六

感恩

大恩不言謝，
真正的謝意乃是發自內心深處的感動

感恩

所謂「大恩不言謝」，真正的謝意乃是發自內心深處的感動，這樣的感動應該就是感恩吧！過去並不常用這句話，應該說，不懂真正的感動，在這一路的過程中艱辛難免，但感動，卻在在留於內心的最深處，現在的我除了感恩還是感恩！

剛結緣的我，之所以會那麼排斥反抗，除了「為什麼是我？」外，還有另一個重點，就是坊間，常看到大大小小的宮廟，總是人群聚集喝酒，高談闊論，非但沒有「以身作則」，還要「論件計酬」，最誇張的是，有的出口成章（髒），心想菩薩要的代言人，怎麼是這樣的？而我或許只是抽點時間做功課，有時晚上睡覺時，出去走走，其它一切照常生活，沒有太大改變，但還是不能認同，因此一直用很科學自以為有理的反抗著。

慢慢的，自己接受了，家人也很支持，但是當時仍有很多親人不贊同，甚至說我走火入魔，因為他們也是很鐵齒，這種事又無法叫出來給大家看，所以什麼聲音都有，「中邪」、「卡到陰的」……等也是無奇不有，其出發點都只是單純的關心，怕我受騙，很感謝大家的疼愛關心；但我一直很自在，自然。所以，對這些聲音，只感到無奈而且不想多講，但是也一直在觀察自己，畢竟當時這方面完全沒經驗也無從問起，深怕真的一不小心走偏了，像大家說的一樣，這樣的一個邊緣人，似有點無奈有點悲哀，一個人的時候，想到這裏，眼淚總是不聽使喚的流；只希望自己盡心的做，上天能早日給我具體一點的事，來給大家印證，別讓這個邊緣人的身分當太久。

不久這事給婆家的叔叔知道了，他們一家人都很慈悲善良，一直都是我學習的對象，小孩也教得很好，更是我請益的良師，也是一貫道最虔誠的道親，自家也有佛堂，常有講師來上課，自己也是最優秀的講師，自然對這事很擔心；而我的解釋更是無法說服他們。佛堂有一位道親，也是二十多年的老友，她的姐姐是從小通靈，是別人說的「天生就帶天命的」，所以自然是真的，叔叔希望我能去，讓她以帶天命的身分，用「天眼」來替我「驗明正身」，看看來教我的是神還是魔，而我也想證明自己，是真是假是神是魔來教，因此答應了。

幾天後，一同到了台中太平鄉的廖師姐那裡，廖師姐晚上八點開始辦事，七點半到了就先寫姓名地址先上香，廖師姐那裡奉祀的是，觀世音菩薩、瑤池金母、福德正神，八點到了，她只丟給我一句話：「你的使命很特別，想哭就去哭一哭」（開玩笑，在這裡誰敢哭，多丟臉！）。今天來的主神是瑤池金母，牽起我的手來，就唱起像歌仔戲般的詩句，現在也記不得是說些什麼，只記得當時的意思是等了我很久，很想我，終於讓祂找到了，要我好好修，早日回到祂身邊，又說，想祂的時候，三柱清香向天一拜，祂就在我身邊，我當時是跪著，兩人就抱著，哭得很淒慘，還囑附我，待會不要急著回家，一定要站在祂面前，祂要好好的看看我。我就真的不由自主，的走到瑤池金母的神像前站著，淚如雨下心中盡是不捨。剛才的那一大段自然演出，加上廖師姐的一席話，讓叔叔們放心不少，但還是不解，一貫道這麼好，走得那麼自然，為什麼當初，渡妳渡不來，偏偏來走這樣又哭又跪的路；其實我八歲就求道，也是一貫道，娘家叔叔也有佛堂，每次要去佛堂總，有千百種理由去不了；我想只能說，因緣不同吧。

隔天做功課時，拿起硃砂毛筆揮毫起來，寫出來的是很草的草書字體，完全是我無法寫出來的，卻活生生的由我的手寫上去，寫完放下筆，只聽見耳邊有聲音在說話，而且是自己的聲音，大概說祂是瑤池金母要我好好修，將來才能回瑤池，就這樣結緣前後三個月竟然通靈了，一切來得如此神奇卻真實自然。

這樣的我，生活上沒有太大的改變，一切照常，最擔心的不是別人的看法，而是自己的兩個小孩，深怕讓他們覺得媽媽跟別人不一樣，我大姐也一直要我注意對小孩的影響。我常常會和孩子溝通，我還是以前的媽媽，沒什麼兩樣，只是現在更懂得包容、更懂得珍惜、更知道如何教你們，如何愛你們的媽媽。也用較淺顯的道理，告訴孩子因果的循環、輪迴的無奈，讓孩子知道好與壞只在一念間，要求孩子絕對誠實，面對錯誤虛心改過。漸漸的，孩子不再覺得奇怪疑惑，自然也在善念中成長。

白目

有個假日帶小孩外出走走，附近有一座廟宇很大，香火鼎盛，只是進去借個廁所，出來後合掌拜拜，正想走時，突然有人叫住我說：都來了，為什麼不誠心參拜，我趕緊跪在拜墊，雙手不停的拜。又說了，你連我是誰都不知道，還拜得這麼高興，連忙起身去櫃台問清楚，再拜一次。

本來的我，對這些神佛長相、稱呼，誰大誰小是什麼關係一概不知，這下可真被考倒了。說「瑤池金母」叫母娘，「地母」也叫母娘，但我看起來都是一個樣。說實在，只認得觀世音菩薩；但又覺奇怪，怎麼有站著、有坐著、有很多隻手的，全是觀世音菩薩，又搞糊塗了，真的被打敗了。

眉毛不見了

過年到了，到大市場去辦年貨，買的全是素食，嬸嬸常年茹素，對素食較在行，所以央求她同行，回來時，要我先到她家，她自己有做了素菜，要送些給我吃吃看口味好不好，到了家，她趕忙進廚房整理，要送我的東西，而我隨意在客廳一面與她閒聊，一面站在佛桌前禮貌性的參個禮；突然有一尊神像，一手遮住右邊整個右眼說著：「唉呀！叫我怎麼見人，我乃一名武將，現在眉毛沒了不打緊，連眼睛都快瞎了。」

仔細一看，果然眉毛少了一邊，連忙把嬸嬸叫出來，告訴她這些事，她嚇得直說：怎麼辦？都是你叔叔，昨天我要出去時，還特別交待他，佛桌我會整理，誰知回來時，不但整理好了，連神像也用魔術靈噴過，而且刷得臉發白，連眉毛都刷掉了，這下該如何是好？於是，我很誠心的告訴祂，很對不起您，千萬不要生氣，叔叔生性善良，而且出於好意，想讓你們過年看起來更光鮮乾淨，絕無意冒犯，請你們千萬別怪罪他。嬸嬸也說：是啦，請原諒！

祂說：「我沒怪罪他；但是，我這樣怎麼出去見人？何況還是個武將，更別說威嚴了。」我說：的確少了眉毛挺怪的，但是我又不敢幫你畫，不小心畫壞了，反而更糟，祂還是摀著右眼抱怨著，後來我突發奇想跟祂說：那我請菩薩作主幫你畫一畫。就這樣找了黑色簽字筆，將眉毛補好了。祂笑著說：「這樣才能看嘛！」我說：畫得不好，請見諒，祂連忙說：「感恩！給妳畫眉，是我的榮幸。」我真是受寵若驚呢！

這時坐在旁邊的土地公說話了：「我是老了啦！要不然真的是不能見人。」（因為祂的眉毛也不見了）我說：對不起，沒有白色的筆可以幫你補上請原諒，祂笑著說：沒關係。就這樣和嬸嬸笑彎了腰。

真是一個難忘的經驗。

轉入畜生道

當初，剛接到緣時，親人們的不同聲音讓我很在意。有一天，篤信一貫道的姑姑來家裡，看著小孩的小寵物巴西龜，很好奇的對我說：妳不是可以和菩薩溝通嗎？哪天幫我問問看這烏龜是怎麼來的？當時也沒有搭腔，只是笑了笑，一年後某天看完書，眼睛覺得有點疲勞，就瞇了眼；突然訊息過來：明雪：「妳不是想知道這烏龜是打哪來嗎？現在我就告訴妳，此烏龜前世乃是一名海盜，殺人放火無所不為，死後自然地獄受苦，經過千劫後，再轉入畜生道為烏龜。」

我問：可是在人世間烏龜可是長壽的表徵。祂答：「沒錯，是長壽的表徵，但畢竟是畜生道，且前世的惡因，讓它必須背著重殼，伴著它的長壽來拖磨。」

我又問：可是牠小時背小殼，慢慢長大扛大殼，好像很自然嘛？祂又說：「人間肉眼看得淺，你們扛物不力時，頂多彎著腰，用背，扛就很辛苦了，何況是一直背著，其實牠最大的懲罰，是在腹殼。」順手捉起烏龜，反覆看看又摸摸，腹殼還真的很硬。放下了烏龜，菩薩將手壓在我的胸前（此時的我感覺胸前被重壓很難呼吸）說：「妳覺得這樣上下卡著，一生一世的感覺如何？此時『長壽』對牠來說，只是無奈的折磨罷了。」

我喔！了一聲，胸前的重壓才放下。心想當初小孩怕烏龜一隻沒伴，又買了一隻來作伴，豈料隔天就被這烏龜把牠的頭給咬斷了，現在想起來，那隻斷頭的小烏龜，應該算是幸福吧！因為不用再背著重殼，牠的一世就這麼結束了，但大烏龜又造業了。

說完烏龜故事後，又走到旁邊的兔子前說：「任何人都有機會轉入畜生道中的兔子，而這兔子，是由一位大不孝的人來轉世，生前不孝父母，給父母總是有一餐沒一餐的，有時讓父母餓得喝尿，甚至父母生病時還不理會，餓得連樹皮都扒來吃，當然死後地獄極刑受苦一定難逃，千劫後，同樣又轉入畜生道為兔子。」心想，此兔子雖然在我們家當寵物，算很幸福了，卻也常因為沒人在家，或忘了餵食，有時孩子在家就猛餵兔子，還真的是，有一餐沒一餐。

這是數月前，孩子看到小白兔可愛，就愛不釋手買了它，老闆說：「是迷你型兔子，長不大的。」誰知數月後，長得像小狗一樣大，而且什麼東西都吃，連自己住的狗籠鐵欄，也一一咬斷扯下，真的有夠無敵厲害，一般人或許認為兔子不喝水，但賣兔子的老闆，特別交代，一定要給水喝；這兔子每給水喝時，總是先把水打翻，再從咬壞的狗籠底部，舔自己的尿液喝，這點更是不解。

聽完這翻話，真是感恩，菩薩常藉由周遭的事物，來勸化世人向善，也告訴大家因果的緣由絕無僥倖，這故事給了孩子一個很好的啟發，也希望這些話，能讓一些正於沉迷的人們一個醒思。

造業

這是個自己的親身故事，十多年前「意外」懷孕了，說「意外」，自然不被期待，或許這樣的說法，有失厚道，對這小生命更是不尊重。心中也很難過，明知因果，更知要這樣輪迴，當人實在不易，這該如何是好，於是點了香向菩薩認錯，請求將這小孩帶回，因為現在小孩教育、家業、修行沒一樣圓滿，又來一個小寶寶將會生活大亂，請菩薩成全我，帶回這小孩，讓小孩在祂身邊修，將來有機會，出生在更有德行的好家庭，千萬別讓它流於無形的世界。就這樣一連好幾天，都這樣求著，而每次都難過的哭得很慘，終於菩薩有回應了：

明知造業又造起
菩薩如何來助起
明知無法圓滿起
為何糊塗又無知
此去更加用心起

將功補罪來做起

天啊！罵完了還沒答應，接著幾天還是這樣求著，終於回應了。

妳真糊塗
明知造罪
又來犯起
菩薩不忍
只好答應
小小孩兒
菩薩帶回
好好行起
將功補罪

菩薩，還是答應了，好感恩，要我上醫院時記得請祂同去，才能帶回小孩兒，圓滿重新來出世。和醫生約定三天後做手術處理，第三天早上十點，上醫院前，告知菩薩請前去也祈求順利平安。一切就緒進了手術室，一下子就沒知覺了，當醫生拍我的臉叫著名字時，第一個反應是往右後方看去，一道很強的白光，觀世音菩薩，手持淨瓶柳枝，領個小童子就站在那，醫生又叫了，我應了一聲後，再回頭，菩薩已經走了，心中無限感激。

回家後，就趕緊跟菩薩上香，又問菩薩我看到的是真嗎？真是您來帶小孩兒或是我眼花。結果又被罵了。

妳若再懷疑
菩薩就生氣
從此以後起
不可再犯起
經過這多事
難道不了解

我不是不信或不敬，真的是太神奇太感恩了，後來幾天，身體很虛，某天晚上家人都入睡了，我看完書，躺好正閉眼想睡時，突聞一陣酒香撲鼻，有個聲音叫著：明雪啊！我答：誰？是誰？只聽見，哈哈的笑聲：妳猜猜看。我突然就開口說：是濟公禪師（其實我也不知道怎麼會就這樣叫出口），趕緊想起身。

笑聲更爽朗，哈哈大笑比了手勢要我不必起來說：「今日，本要帶妳上去一遊，現在身子這麼弱；唉呀！真糊塗！」說著，逕自拿起手中的扇子，往我身上上下拍拍，肚子打打，此時小兒子叫著：媽媽，我要尿尿。我要兒子快起來，拿起旁邊小馬桶我也起身坐著幫他，此時禪師已站在房門邊，兒子自己拉下褲子，迷迷糊糊就對著房門的小馬桶尿起來了，正好對著禪師，我連忙說真抱歉，小孩沒禮貌請勿介意，不要怪罪。

禪師，用扇子遮在眼旁笑著說：沒事啦！真可愛。等我幫兒子的褲子穿好，讓他躺下時，禪師已走了，只聽見好好保重後會有期。自己也睡了，早上醒來，回想昨夜真實依舊，整個人也神清氣爽，身體的不適全都好了，肚子不再漲痛了。

記得自八、九歲求道至今不曾拜過濟公師父，為什麼三十年後的今天又會再度來關心呢？其實很不解！

感謝禪師疼愛，感恩。

修行

結緣數月後，雖一切如昔，但心情不佳時還是會發牢騷「為什麼是我」；又來了。雖然事情發生在我身上，但都是第一次，有些不知如何應對，總覺得很難，真希望上天早點發現，我是個教不來的蠢才，快把我放棄。

根本也不懂有什麼所謂先天的使命，以前有困難時，總是順勢而為去處理，現在除了同樣去處理外，常會有一些較無法去解釋的情況，家人不同的聲音，時而支持，時而反對；當然，他們絕對出自關心，但「要不要」真的不是我可以決定的，我反抗過，沒用：感覺得到、聽得到、有時還看得到，還有那麼多感動的事，活生生的印證在我身上，更無法睜眼說瞎話的否定它的存在，自然，路還是要走下去，只是這樣的「邊緣人」走得好辛苦。

瑤池金母來訓示：

修行本是艱苦路

修在心、心就清

修在行、行就明

心清行明觀自在
自在之人達天靈

好感恩，祂們總是在我需要的時候，給予希望並加以鼓勵。就這樣的幾個字，由每個的心態、角度往往有不同的解讀。

人生的路上本來就是起伏不定，有順有逆，「修行」就是一條逆境，一條辛苦路，路上的考試更是多，家考、財考、親情考、魔考……等，聽起來困難重重，但事實上哪一種考，都不是自己可以預料的，它就在生活中發生，所以我一向是「事來則應、事去則靜」來看待。只要心存善念，正心正念的做，一切自然順利過關，所以又好像很簡單，只要用正確的心態，用心去領悟，心自然清靜清淨。但絕不是口號用嘴上說說就行，還須用行動去實行，在行動中積陰德福報，無形中慢慢化解不好的事，或許福雖未至但禍已遠離，未來的路自然平順明朗，心境清淨平靜，知道自己的方向，自己的路，就可觀自在，不會在意別人的眼光，別人的想法意見，均能一笑置之不再介意，如此之人，便能竭盡所能，助人行善，給社會正面幫助，而自己就是個發光體，上天自然與你同在，與你相通自然眷顧你。

帶植物人

八十九年十月某日，堂嫂來電說她的二姐半個月前，騎機車回家的途中，被機車撞倒，因安全帽沒扣緊，倒地時頭部嚴重撞擊，腦部開刀二次，現在還是昏迷不醒，醫生很不看好，昏迷指數很不樂觀，有可能呈植物人狀態。到嬸嬸家佛堂求敬茶給她二姐喝，嬸嬸要她找我，帶她去師兄那裡幫二姐問問，消業障看能不能有所幫助。

當天我開車，先和堂嫂去醫院看了她二姐，我和她二姐不認識，但看到她時眼淚卻汩汩的流，當時因為不相識，自然心裡並沒有很難過，可是眼淚就是不聽使喚，很奇怪。她的情況比堂嫂陳述的還糟，完全沒反應，當我走到她身旁時，她的眼淚竟也順著臉頰流下來，好像要訴說著什麼一樣；突來的反應，大家又驚又喜很驚訝。離開醫院就到師兄那裡，請菩薩幫忙。查出的結果是，二姐的靈體在車禍時就跑掉了，現在魂不附體，當然還無法清醒，要我去幫她收魂。

不會吧！我結緣才四個月雖然會通，可是什麼也不懂我哪會呀！師兄說：別問那麼多，妳就管這一科沒問題的，心裡還是問號，我可以嗎？但告訴自己我願意盡力。

就這樣師兄幫我們開了疏文，要我們先到迪化街的霞海城隍廟求城隍爺作主，若有收到二姐的靈體，請讓她回去，再回醫院二姐那幫她收魂讓靈體回到肉體。我問師兄可不可以先到醫院再到城隍廟這樣才順路，師兄說：次序不能亂，一定要先求城隍爺，再去收魂才有用。

於是，就先到了城隍廟，求城隍爺和善惡判官作主，其實真的不懂，只是一份誠心，祈求城隍爺和眾仙佛幫忙。第二站就回醫院幫二姐收魂，要回醫院的路上，瑤池金母就來了，告訴我，別怕，只要像剛才一樣誠心慈悲，妳沒問題的。我說：母娘，你可要教教我。到了病床自己深呼吸，靜下來，心裡還是求母娘作主，讓我能順利完成，拿出師兄給我的收魂的單就照著唸起來：心煙通天界，拜請收魂祖師降雲來，不收別人魂，不收別人魄，只收妳某某某魂魄來……唸完後，就在二姐身上用蓮花指比劃了幾下就這樣完成了。

當時有好幾個家屬在場，大家都投以好奇又懷疑的眼光，別說他們懷疑，這也是我頭一遭，自己也不知這樣就會醒嗎？我也很懷疑。

回家後一直與堂嫂保持連繫，白天，她都會去醫院幫忙照顧，因為二姐夫十多年前也車禍往生了，一家重擔都是二姐在擔，這下真的大亂。第三天，記得是個星期天下午，約五點多正在煮晚餐時接到訊息，母娘要我再到醫院去，將二姐身邊阻礙的冤親債主帶開。想到今天是假日，一定會有更多家屬在醫院，我到醫院的話，這麼多眼睛在看，我會很難為情；所以問母娘，明天小孩上學要早起，可不可以明天再去，祂說：「不行，待會就去。」於是煮好晚餐又去了醫院，用法指在病床周圍比劃比劃，又在她的頭上摸摸，二姐身上戴著一條很長的佛珠黑色的，我看到時感應到那佛珠不乾淨，因為我不認識她們家人，也不能很直接的要他們將佛珠拿下，萬一不了解，我實在也很難去解釋，畢竟淨不淨他們也看不到，所以作罷。

後來，問堂嫂那佛珠是誰的，據說是一位朋友，是濟公的乩身，知道二姐的狀況特別拿來借戴保佑，又說，二姐原本也在另一家宮廟裡幫忙服務，因為那裡的師姊們話傳來傳去，是非多，所以二姐沒再去服務，有位師姐知道她出事了，結果得到的消息是，因為二姐不去服務，神佛很生氣，所以讓她出車禍，是在懲罰她，要她家人回宮裡去求才會好。問我有沒有這回事，我告訴她，真正的仙佛都是慈悲的，絕不會這樣恐嚇，而那地方說出這樣的話，也不用再去了，因為一定有問題，而且他也沒這能力，這樣懲罰別人，儘管放心，事實上這段話是母娘借我的嘴巴，對堂嫂說的。

第二天下午堂嫂來電說二姐醒了，眼睛張開了，因為喉嚨氣切的關係，還不能說話，但我們說的話，可藉由手指的反應來表達，過兩天就可將氣切部位，由塑膠換成小的金屬，慢慢可發聲，醫生這樣說的。

堂嫂一直跟我謝謝，我要她謝謝仙佛慈悲，也很替她們高興，因為這樣不只是一個人，而是一個家庭。又二天後，我到醫院看她，我倆互不相識，我拉拉她的手，看著她，她從眼神中不斷的向我道謝，我也用心通要她不要這樣，好好靜養，孩子都等著她，她要我將她身上的那串黑色佛珠拿掉，卻無法表達。

這時我開口說，妳若不喜歡戴，想拿起來就拉拉佛珠，話說完，本來還不靈活的手竟勾著佛珠，死命的想扯下它，於是堂嫂將佛珠拿下來了，二姐將手上握的紅包，一直要塞給我，雖然到現在她還不認識我；這樣的舉動真的好高興，短短一星期竟出現那麼多奇蹟，真的好感恩。

三星期後二姐順利出院了，雖然手腳暫時無法像原來那樣，還需要復健，但頭腦還算可以，記憶沒以前好，常會顛倒。對出車禍的那一段卻完全空白，重點是，錢放在哪裡倒是很清楚，真是萬幸。

約兩個月後，去電問堂嫂有關二姐復健的情況，據說請了菲傭看護，但手腳還是不靈活，每次到醫院複診時，都要從四樓揹上揹下相當辛苦。我告訴她，下次若複診時可以到師兄那裡，請師兄用硃砂筆，幫二姐順順筋路會靈活些，因為那都是仙佛作主在幫忙，我也看過不少個案在硃砂筆下奇妙事情，不妨一試。

某天堂嫂興沖沖的來電說：二姐今天回醫院復健下樓時還用揹的，回程順道去請師兄用硃砂筆點一點，回家上樓時，竟然可以自己扶著樓梯扶手慢慢上樓，真的太不可思議了。

或許大家看完這篇，會覺得有點神奇，到底是不是真的？告訴各位，以前的我絕不相信，除非親眼看到，現在的我，除了感恩還是感恩，一介平凡女，何德何能做如此神聖的事，其實一路上自己很清楚，都是仙佛帶著我去執行這些動作，然而也不是每一個都有這樣的機會，每天有多少災難、不測在發生，但只要心存善念，有福報的人都會受到仙佛眷顧。

當然，這樣一路走來醫院的照料也是相當重要，現在的醫學如此發達，有病還是找醫院擺第一位，其次再求助另一個管道才是正確，這種科學無法解釋的宗教信仰真的存在；要信但絕對不要迷，這是最想告訴大家的，也不是花很多錢就可以達到的，希望大家不要沉迷，才不致讓某些江湖術士有可趁之機，甚至騙財騙色，造成社會亂象壞了宗教的形象。

每次總在這樣的感動下肯定的告訴自己，我不是邊緣人，我是上天疼愛的女兒。

外婆最後的人生

外婆八十二歲，一生勞苦目不識丁，從小是童養媳，日據時代與高學歷，擔任記者的阿公送做堆，阿公又陸續娶了兩個老婆，對這邊的家又疏於照顧，因此一大家子加四個孩子，辛苦絕無法形容，幸好孩子懂事，漸大時也很孝順，阿嬤就在孩子帶大，帶孫子，孫子帶大，帶曾孫中慢慢老去，我媽媽是大女兒，自然也是辛苦不堪；但一路走來也很認命，沒有絲毫的埋怨，因為當時的社會形態就是如此，只是一想到阿嬤的辛苦，還是眼淚如雨下。

十二月初阿嬤又住院了，媽媽總是抽空南下幫忙照顧，醫生說：阿嬤年紀大了器官都壞了，只能盡量讓她調養而已。媽說，阿嬤肝臟也有病，常常痛得縮成一團；有時痛得連病床邊的欄竿都要鑽過去，現在又瘦的皮包骨，看了真心疼。

某日我南下去看阿嬤，來到醫院門口，很自然停下腳步向天祈求，請地藏王菩薩作主。到了病床阿嬤還認得我，但一下子又闔眼休息了。此時菩薩與我同在，我問祂，阿嬤會不會好，若好不了，請讓我來帶她，不要再讓她受苦了，祂說：「阿嬤好不了，且陽壽也盡了，就在農曆X月X日。」一聽，我眼淚也不聽使喚的流了下來，媽不明白只是要我別難過。

接著，菩薩要我在阿嬤的頭上拍拍摸摸，我知道祂的用意，突然阿嬤問，我為什麼一直摸她的頭，她的頭上有沒有東西，真是可愛的老阿嬤，這樣的事我沒法跟媽媽說太多，因為天機不可洩，但我一路走來，媽媽一直都很清楚，也很支持，所以，有些話一個眼神大概都知道。

第二天照常上班，但肩很重、很累，第三天忍不住了趕快到師兄那裡，把從阿嬤身邊帶回的冤親債主渡開，它們的時候也到了，也需要有人來渡它，才能順利報到，不再流於無形世界。那天是先生載我去的，到了師兄那裡，和師兄聊了一下阿嬤的事，師兄笑而不答，後來才又說了一句：「放自然，能做的盡心就好。」其實我心知肚明，師兄是知道的。

不一會兒，化了金紙將它們渡了，很快的肩膀又正常了。這樣的情形每個人反應都不同，像我可以很快的就好了；有的會在處理完的幾天後才會沒事，因人而異。不久就回家了，當車子出了師兄那裡，還沒到大馬路時，咦！肩又重了，我不敢說，雖然先生支持，但有很多事並非他自己遇上，有時還是很難解釋，尤其像這種情形，以前沒在修，什麼都不知道沒事，現在反而有事，很多人也會不解，我也曾這樣抱怨過。現在懂了，因為它們若找上一個不懂得修持的人，就算跟很久也沒用，除了無法渡它們，哪天回老家了，同樣流於無形世界，那不是白搭了，多此一舉，所以，它們除了找自己的冤親債主，像要債一樣的討回外，也會找上較有修持或能感應它們的人才有機會，也許大家會說那些人不是比較「衰」嗎？不是的，相逢自是有緣，與這些無形的它們，相遇也是一種緣，或許要花點小錢渡它們，也是好事一件，積點陰德將來也是自己的福報。

就這樣不動聲色到家了，馬上捻了香，靜下心來查問。我問：你到底是什麼人？怎會跟得我這麼不舒服，請報上名來，它說了：我叫某某，今年X歲，車禍往生。

又問：我認識你嗎？我是你的冤親債主嗎？你是怎麼跟上我的。

它說：都不是啦！是因為你慈悲善良，我是在二林基督教醫院跟上妳的。

我說：喔！原來如此，善良就好欺侮囉？那今天到師兄那裡的時候，你怎麼不出來，我一起處理就好了嘛！

它說：不是啦！妳不要生氣，我不敢進去，所以妳下車我就在樹下等，妳上車我也上車。

我說：有什麼不敢，你都敢一路跟我三天，現在卻不敢進去。

它說：我是酒後開快車，一路追撞往生的，那次車禍也傷了無辜的性命，甚至毀了兩個家庭，罪孽深重，當時家人也沒為我招魂，我也不敢去報到，何況師兄那裡有地藏王菩薩、十殿閻君，我嚇壞了，哪敢進去。

聽完很生氣，我說：原來這麼壞，不行，不行，我無法幫你，才說完，它竟跪在右後方哭起來了，我還是很堅定的說：不行，你哭也沒用，起來去找你的家人，有機會他們自然會幫你，你走吧。嘿！它哭的更大聲。

我說：你不走，我叫菩薩來，你就好看了，還不走；於是，我走到陽台雙手合十，請地藏王菩薩來帶它，話才說完，咻！的一聲不見了，真的給菩薩帶走了。此時心想，我也很壞，它以前有錯，現在也蠻可憐的，我只是多跑一趟，為什麼那麼不慈悲，還訓了它一頓，有點後悔。

這時菩薩來了說：明雪，不是妳不慈悲，千萬別再自責，恭喜妳，通過了「無情考」，的確，像妳這樣慈悲善良的人，妳會覺得剛才的做法有點無情，就是因為妳慈悲善良，今日才會受菩薩重用，但不屬於妳的，菩薩也絕不會讓妳去擔待，所以我帶走它，妳做得很好，恭喜妳了，繼續加油。

哇！這又是一考，考試總是在日常生活中來考起，無論是否通過，其方式都是如此自然不自覺，更無法預知事項或時間，卻再再的考驗著，人的心性；很高興的告訴自己，恭喜自己又過一關，心中無限感恩。

媽媽來電說：從我去看阿嬤後，她就一直沉沉的睡，不再像之前那樣痛苦不堪，時而清醒時而沉睡，我跟媽媽說，阿嬤年紀那麼大了，我也只能助她，不要走的那麼辛苦而已。幾天後沒什麼特殊狀況，醫院就要阿嬤出院，回家去靜養，但離阿嬤回老家的日子卻一直在倒數中，曾經跟媽媽簡單的提過，自己也利用時間，幫阿嬤摺了蓮花。

很快的日子快到，每次做功課打坐時，都會向上天祈求，讓阿嬤能走的自然沒有病痛，某晚地藏菩薩來，要我明早開疏文三張和五色金一份化了引渡阿嬤，祂會派人將阿嬤帶走。真的，就是當初說的日期，此時媽媽正在南部照顧阿嬤，我只是要媽媽多注意阿嬤，隔天早上照著指示做好後就上班去了，一直忙到下午二點半才有空檔，便拿碗公去買了麵吃，才吃完，感覺還很餓，又去買了一碗吃完，同事說：妳有沒有搞錯，一次吃兩大碗公，該不會替別人吃吧！

語畢，自己竟跪了下來哭著說：阿嬤不要去！阿嬤不要去！妳幫我求求菩薩。我趕緊從美容室走到廚房去，因為怕被客人看到不好意思，但任我如何加快腳步，還是一直彎著腰，慢慢的小步前進；因為現在的我，是八十二歲的身軀。

到了廚房，我告訴阿嬤妳安心的走，我已幫妳開了路，路上妳好好走，後續能力所及我一定會幫妳，她哭得更傷心說：不是我還留戀著，只是我子孫一大群，竟沒人回去看我，叫我如何走得開呢？我不甘心。

任我如何相勸，要她放下，安心的走，她就是不肯。一會兒，就走了。於是，我又可以挺直身子，出來打電話給在南部的媽媽，媽說：阿嬤早上告訴舅舅說：我要走了，舅舅還開玩笑的說：妳要走去哪裡，好好休息！中午又吵著說：她不要去了；這時我才告訴媽媽剛才發生的事。儘管能對媽媽說的事也有限，她還是很相信我這個女兒的話，因為她知道我從不說謊，更何況現在的我，面對這樣的問題，阿嬤從回家至今兩星期了，除了少量進食外就是昏昏的沉睡。

七點阿嬤又來了，我又趕緊拖著八十二歲的身軀，走到廚房和阿嬤溝通，一會兒菩薩來了，菩薩告訴阿嬤，妳的陽壽已盡，難得孫女為妳將路來開，妳竟誤了時，誤了子孫，也誤了自己，阿嬤還是哭著說：子孫都沒人回來看我，我實在走不開。

我說：阿嬤妳心要放下，大家都為討生活，妳原諒他們。後來菩薩慈悲，再給了阿嬤三天陽壽，同時也會點醒子孫回去看阿嬤，若子孫不知覺醒，將來他們的路也會難走。就這樣告一段落，像這樣三人對談的心通，還是頭一遭，既神奇又感恩。

第三天我和大姐、二姐下南部看阿嬤，到車站時是二表哥來接我們，我問他什麼時候回來的，他說：因為腰痛所以早上回來的，要到隔壁村看醫生，待會叫車載我們，他看完醫生就回台北了。我心想，只要有回去看阿嬤就好了。

不久看到了阿嬤，她比之前更瘦了，看了真心疼，她昏昏的睡著，我在她耳邊輕輕的說：阿嬤妳一定要放下，假如菩薩有派人來，帶妳一定要跟他走，突然她轉頭無力的說：我不要。哇！我嚇一跳。

傍晚和媽媽共四人就回台北了，媽說：常常下去看阿嬤，大家都覺得她太神經過敏，沒那麼嚴重。我跟媽說：對不起。但是阿嬤這次真的誤了自己，未來我不知還能不能幫她，在車上約七點時，我突然呼吸很大聲，不順，媽媽問我怎麼了？

我說：這就是阿嬤在吃晚餐，吞得很困難，有時吃幾口，我都知道，這段時間她的靈早就脫開了，只是還走不開，常常跟著我，但我無法很清楚的告訴妳們。

媽媽說：那妳身體會不會不舒服。

我說：還好，沒事。她說：假如不舒服，妳就叫阿嬤離開才不會傷了妳。就這樣阿嬤又沒走了，晚上把這些事告訴先生，他要我放自然，別再說了，還開玩笑說：都年底了，阿嬤假如回來吃尾牙，妳就很難看了，還摺那麼多蓮花。雖然看似烏龍事件，但曾向師兄求證確實的日期，和當初在醫院訊息告知的日期是相符的。做功課時我求菩薩慈悲別讓阿嬤難過，我願意將自己小小的功德，迴向給阿嬤。但菩薩不答應說：傻孩子，此事不是妳一肩扛得起，別太難過，我自有定奪。

過了幾天媽媽又南下去看阿嬤了，這段期間阿嬤的靈常常來，有一天晚上拿了東西去給嬸嬸，她留我在家用餐，剛吃完，胸口又緊了，阿嬤又來了，哭得很慘說：菩薩派來的人都走了，我要怎麼辦？妳一定要幫幫我，我實在不甘願，這樣就回去，一手帶大、心疼的孫、曾孫在哪裡！妳怎麼都沒替阿嬤傳達。嬸嬸一直勸阿嬤要放下，兒孫自有兒孫福，不需要這樣的擔心，今天這麼有福報，有孫女幫妳開路引渡，妳要感恩，要惜福，不要自誤，誤了自己，兒孫也幫不了妳，還是要自己擔，還是快回去吧！

說完阿嬤又走了，我好難過，很多話無法說明白，像這些事，媽媽曾有意無意的跟家人提一下，但總是被打回馬槍受委屈，覺得太緊張小題大作，也難怪，這種事沒親自遇上的人，根本沒人會相信的。

為了不讓媽媽這麼委屈，因此要媽媽別再南下，一切自然，但阿嬤還是常常來找我，每次來時，我雙手總是冰冷不堪，有時還發燒，看醫生都沒用，而她的訴求還是一樣。我告訴她能做的，我不怕苦，但有些話說重了會失人和，傷和氣的，妳該回去，還是要回去，別再自誤。

我也覺得奇怪，難道回不回去，可以自己決定嗎？所以，做功課時都會向菩薩詢問，菩薩說：是我和媽媽孝心做起，絕不是阿嬤可以決定的。後來一位自稱十殿閻君的來，因為不曾來過，所以我拒絕，請祂回去，祂沒走，我說：別想來騙我，十殿閻君是十個你一個就想騙我。（因為我不懂）

只聽見兩聲爽朗的笑聲，祂說：我是統管十殿閻君的冥王。我說：少蓋了！再不走，我請菩薩來，你就難看喔！祂笑著說：我說十殿閻君妳不信，那說閻羅王妳怕不怕！我是擔心嚇到妳。於是說了祂和十殿冥王的關係，又說讓妳看看我。於是眼前真的出現一個眉毛往上揚的臉，就像電視上演的一樣。心想哇！闖禍了。

祂又說：是不是很難看？有沒有嚇到？我說：沒有啦！其實滿慈祥的。

祂大笑的說：妳嘴真甜，沒事，我不生氣，我不是冒牌的，所以妳考不倒。

那晚十殿閻君跟我說了些話，大致也是要我好好修，將來多勸世人向善，才不致到了往生後，受酷刑時才哭天搶地後悔莫及，這些「業」沒人可替代，難忘的一個經驗，很溫馨很感恩，就像長輩一樣教導。

快過年了大家都在忙，我也盡量利用時間摺了不少蓮花，阿嬤還是常常來，總是要我幫幫她，我除了勸她放下心以外，只能祈求過幾天過年時，她希望見到的人都能回去，讓她能如願。但我自己卻被阿嬤跟得一直發燒，每次要看醫生前，就只能先請她走，再去看醫生才有用，雖然很辛苦，但誰叫她是我的阿嬤呢！

過年後，年初正月十日晚上阿嬤又來了，這次很平靜的向我道歉，這段時日讓我很辛苦，要我告訴媽媽，明天一定要很早就回到娘家，因為只有媽媽可以幫她做最後的打理。

我說：阿嬤這些都是我應該做的，但我不想轉告媽媽，一切順其自然，不然妳又後悔，現在又是大過年，我可不想讓媽媽又回去受委屈。

當然這些事，私底下還是有轉告給媽媽；十一點多我要入睡時，她又來了，她說：她一生殺生無數，鄉下年節更是雞鴨無數的殺，現在開始她要茹素，一定要記得轉告舅舅和媽媽，就走了。

隔天一早，媽媽來電說：阿嬤走了。於是我立刻開三張疏文向菩薩呈了，請祂慈悲作主讓我能引渡阿嬤。菩薩說：阿嬤走了，這段時日害得妳這麼不舒服，現在妳也可以不要渡她呀？我說：這怎麼可以呢？她是不應該，但是我阿嬤一生勞苦，這是我唯一可幫她的最後的事，請菩薩一定要成全我。

祂笑著說：慈悲的傻孩子，我成全妳。我將疏文化了後就上班去了。今天很忙，一直到下午兩點多才空檔，阿嬤又來了！我說：阿嬤，早上疏文已幫妳開路了，快走吧！何況爸媽早上都趕回去了，舅舅也請了唸經團，會幫妳開魂路，快回去吧！

阿嬤說：我不需要那些，我要等妳和妳一起回去。後來聯絡到弟弟，一家人，正要回去看阿嬤，又繞回來載我，也將之前摺的蓮花一併帶去，一路上阿嬤都一直在我身上。

約七點到了阿嬤家，依習俗，我們要用跪爬的方式進門，大家都照著做，我也一樣，但阿嬤不肯，一直要我起來，我請阿嬤讓我照著做，不要讓親戚對我不解。

此情此景家人都淚汪汪的，我卻是平靜的、直挺挺的跪著，慢慢進去到阿嬤的遺體旁，拉起媽媽的手，要她別太傷心。此時我一手撫摸著遺體說：這就是陪我八十三年的肉體，今日要將它還人了；說著眼淚像下雨一樣停不下來，親戚們也傻眼了，媽媽才告訴他們，阿嬤已跟了我二個多月了。一會兒，媽問我，為什麼遺體這麼快就硬梆梆的？我說：我真的不知道，這樣的情況是第一次遇上，以前都嚇得不敢看，哪還會去摸遺體呢！

屋旁的空地早已搭起棚子，下午就有誦經團來開魂路，一邊是熱心鄰居來幫忙做孝服，大家都穿起孝服，跟著誦經師父拜拜，而我一直在裡邊幫阿嬤燒腳尾錢，誦經團分三段，中場都有休息，當然此時大家自然又進屋裡，第二段又開始了，大家照舊跟著拜，我也換手了，但還是沒出去，就在阿嬤遺體旁比劃了一會，我知道菩薩在我身邊。

外面休息時間，大家又進來了，舅媽坐在阿嬤旁邊，要腰痛的二表哥過來，說：過來一點，聽說拉起往生者的手，在病痛的部位摸摸，往生者會保佑病痛痊癒，聽說很靈，於是拉起阿嬤的手，頓時，大家又呆住了，剛才硬梆梆的遺體居然身軟如綿，媽媽看了我一下，我點點頭，她跟大家說是我幫阿嬤。

此時阿嬤忍不住又哭了，叫來大表哥和其他孫子，罵了他們說：阿嬤等的你們，好苦啊！終於大家有點相信，是阿嬤，因為，我可以說出很多只有阿嬤才知道的事，但大家還是覺得不可思議，看我時，總是用著懷疑的眼光，來分辨阿嬤還是明雪，約九點送來了入殮的棺木，媽媽再次將阿嬤衣服整理好，阿嬤也用我的手，將自己頭髮撫摸的很整齊，放入棺木時，阿嬤一直站在旁邊監督著，接著葬儀社的人員俗稱土公仔，將金紙大把往阿嬤頭部一塞，結果遺體脖子部位折到；頓時站在旁邊的我，雙手握住脖子無法說話，連呼吸都有困難，於是一邊搖頭一邊拍著土公仔的肩，表示不行，請他重新放。大家看著剛才土公仔的動作，阿嬤的遺體和我的反應呈一致，也都看的目瞪口呆；誰知土公仔完全不理會，頭低低的繼續放金紙。

此時阿嬤受不了，舉起手往他的頭上一敲，他抬起了頭，有點生氣；但看到我雙手緊握住脖子的痛苦樣子，也覺有蹊蹺，於是，拿起頭部塞住的金紙重新來過，自然我也深深換了一口氣，放下了雙手。

此後，土公仔每放一把金紙，都戰戰兢兢很小心仔細，也不時的用眼尾餘光偷瞄我，深怕又有差錯，金紙放好了，又放了用白布畫上的娃娃，說是當佣人，又放了樹枝說是當枴杖；阿嬤在一旁苦笑的搖頭，一切圓滿了！土公仔可能被剛才的舉動嚇到，有點不好意思就匆忙要走，阿嬤向前拍他的背說：感恩！他點點頭很不自然的走了。

事後媽媽說：妳剛才怎麼沒拍他的肩，直接打他的頭？真歹勢。我說：剛才真的氣換不了，他又不聽，才會這樣。又經過這些事，大家總算明白了。後來才敢將車上的蓮花拿下來，在誦經團離開後，為阿嬤做引渡的事，子時一到，大家約二十多名親友和我一同跪拜，請地藏王菩薩、十殿閻君作主，阿嬤磕頭說著：「罪女某某，請菩薩開恩赦罪……」就這樣儀式完成了，事實上，先前我已跪求請菩薩作主幫忙了；大家都頭一回遇上，以為這樣求就ok了，卻不知這是需有功德累積才求得來，我也不便多說，只希望這樣活生生的例子，對大家可以有所啟示。

很快的頭七到了，當天下午和弟弟一家人又到阿嬤家，整個下午誦經團一直在活動著，聲音很大很熱鬧，舅舅說今天的儀式是招魂，替阿嬤招了魂，阿嬤頭七才會回來。天曉得！阿嬤現在就在我身邊，只要她有話說或有所需要時就會找我，而當時的我，意識絕對清醒，就像電腦子母畫面，若同時要兩邊資料，則另一邊要縮小化才能切換，但資料同時存在，加上嘴巴借給她；但她的思緒須透過我的感應才能傳出；因此也監控她的一切，否則若言行舉止太過，不但會失人和，別人也會覺得你在裝神弄鬼。

因此大多時候，我還是我，跟著大家一起在道士的指示下跪拜著，道士拿起幡旗搖啊！搖的叫著阿嬤的名字，要她快回來，子孫等著阿嬤；此時的阿嬤，只是緊靠著淚流滿面的舅舅身邊，要他別再傷心，顧好自己的身體，而舅舅應該也感應到是阿嬤，也緊握住我的手。

到了晚上更精彩；下午的儀式持續到晚上十點半，差不多快完成，道士領著大家到另一邊空地說：阿嬤要回去了，大家快來送阿嬤，也將她的衣物燒給她。於是一干人經過靈堂前走向旁邊空地，我走在最後，經過靈堂前，卻跪在地上，嚎啕大哭，非常悽慘的哭，大家被這舉動嚇一跳；因為這些日子我總是靜靜的，就算哭也是流淚而已，自己也不會沒形象的哭天搶地。

大表哥過來拉我說：別這樣，阿嬤要回去了，快送阿嬤才對，快起來。我哭得更大聲，大叫著說：阿嬤，阿嬤現在才回來。一干人你看我，我看你都呆掉了。回神後全部都跑到靈堂前看我表演，我擦了淚，想站卻站不起來；因為阿嬤來了，八十三歲的身軀自己無法站起來，大家扶起她佝僂身軀，緩緩進到屋裡，所有的人都圍在阿嬤跟前，媽媽淚流滿面，阿嬤說：別這樣，我現在很高興看到大家都回來看我。

接著一一點名，舅舅前些時候開刀（當時不敢讓阿嬤知道），阿嬤撫著他背部的傷處說：兒啊！現在阿母離開你了，此去自己要照顧好身體，兄弟姐妹不要因為我不在，感情就淡了，要更合，拉起舅媽的手說：我們婆媳一場，感恩妳的照顧。

舅媽說：這是應該的，做不好請妳原諒。

媽媽共有四姐妹也一一叫到跟前來，還各找來她們的兒子，把女兒一一交給他們說：我把苦命的女兒交給你了，從小她們跟我就很辛苦，此後阿嬤不在了，我要求你們別再讓媽媽受苦了。這時有人開玩笑的說：咦！這樣不對喔！怎沒將女兒交給女婿，交待給孫子呢？

阿嬤笑著搖手說：孫子都很孝順靠得住。說得還真藝術，那不是說女婿靠不住嗎？小阿姨從小過繼給人當養女，她說：我可憐的女兒，原諒我，當時真是情非得已，才把妳送走，也希望去別人家可過較好的生活，誰知……害妳受苦了，請妳原諒我。

接著長孫、曾孫一一訓示後揮手叫站在後面的一位鄰居到跟前說：很感恩！多謝，妳很棒，幫我把衣服穿得很好，這幾天讓妳辛苦了，感恩。當時我才知道阿嬤當天的壽衣，真的是這位忙進忙出的鄰居來幫忙的。

舅舅跟阿嬤說：幫妳找的風水墓地妳喜不喜歡？她說：沒關係那不重要。舅舅說：不重要也要妳喜歡啊！於是阿嬤閉起眼睛。哇！天啊！竟然真的看到一處墓地，中間已挖好大洞，周圍也砌好磚了，一個半圓形的矮圍牆，但還沒抹上外面水泥。當阿嬤張開眼睛時說：很好，是你找的我都喜歡。

此時我心想，下星期阿嬤就要出殯，屆時我一定要去印證，看看墓地一不一樣。阿嬤突然摸著腿說：唉呀！腳怎麼僵住了？舅舅趕緊幫她捏捏。她說：我的時間到了，該走了。於是，靠在椅背像氣球洩了氣，咻！一下沒了。當身子坐起時，只有我靦腆的笑著說：歹勢、歹勢。

隔天一早又趕回來上班，一切照舊。第四天中午感覺不對，心想不是阿嬤，於是靜心查起；他說：我是某某。我說：阿公，你怎麼來了？他說：過幾天阿嬤告別式，我想跟妳去看阿嬤圓滿，這機會我求很久才求來，妳一定要答應我。

我說：才不要；到時候見到親人，又哭得慘兮兮，阿嬤已經讓我沒形象了，我不要。他說：我不會，我保證，只是靜靜的在旁邊看著阿嬤圓滿就好，絕不造成妳的困擾。經再三保證我答應了，也將這事告訴媽媽。

嬸嬸找了幾個道親，要去幫阿嬤助念，我也去了，其實，最主要目的是要跟舅舅溝通，有關出殯時辦八十桌，阿嬤交代要素食，之前有討論過沒結果，鄉下八十桌素食給誰吃啊？而今天討論時，阿嬤為了不讓舅舅為難只說：你盡量，但一切從簡。道親在唸經時，阿嬤閉眼靜靜的站在靈堂前聽著，不一會她說：鄉下太陽大，妳愛漂亮曬黑了不好，快站進來，於是站在陰涼的地方，靜心的聽著。

出殯的日子到了，前一天下午先生載著一家子南下，上車時阿公真的來了，照約定他一直很安靜很配合。直到下車後，看到阿嬤告別式場面很大，阿公直驅阿嬤靈前叫著阿嬤的名字說：我一生對不起妳，沒有盡到做丈夫的責任，今日也不敢求妳原諒，只想看看妳，希望妳一路好走，還好有外孫女這樣幫妳，我就放心了。

這時阿嬤說話了：「生前放下我們一家不管，連個人影也沒有，現在有什麼好看。」說著說著，當然阿嬤還是原諒阿公了；結果，換阿嬤拜託我，幫幫阿公，說他在另一個空間裡很辛苦。我也好奇阿嬤或許還沒去報到，那阿公為什麼也可以來呢？

菩薩說：就像人世間一樣，無論在何處，甚至入監服刑，家中發生重大事件，都會收到通知，還可請假回去探望。原來如此。

式場中進行著三藏取經、丟火球表演，另一邊很多道親幫忙用五穀乾貨等，備了十桌素料滿漢全席，大家很忙碌；阿嬤走了一趟約三百坪的式場後，焦慮不已，喚了舅舅和大表哥來生氣的說：為什麼你們這麼不孝，不是交代一切從簡嗎？為什麼搞這麼大場面，加上明天八十桌殺生的業報，我還是待罪之身，今日受明雪渡起，好不容易可以暫不受罪苦；我不知道，明日以後我將何去何從？

表哥辯白的說：這已經辭掉很多了，爸爸又是村長，真的已經婉拒很多了。就這樣，阿嬤為了明天席開八十桌，那些牲畜殺生的帳，會記在她頭上擔心不已，一直求我幫幫她，我也曾向菩薩求過，但沒獲准，所以也不敢答應阿嬤。

今天是阿嬤的告別式，從昨天到現在，眾親朋好友陸續趕到，住嘉義與媽媽同父異母的舅舅阿姨也都來了，實際上他們感情都很好，沒因同父異母而生疏，或許這是當時封建下，男尊女卑唯一的好處，大家都很合。阿嬤一直擔心的事，我卻幫不上忙，但她也不敢讓我太為難，所以就眼淚汪汪的流，直到早上為了阿嬤，我還是開了疏文三張成全阿嬤的心願，也化了不少往生蓮花，渡那些牲畜，又到辦桌廚房走來走去，唸無形經迴向給它們，只希望能讓阿嬤順利去報到；至於後續問題再處理吧！

場面真的很大很熱鬧，還有兩廣醒獅團、三藏取經、孝女白琴……等有些好像是廟會的東西也出籠了，看得霧煞煞。家祭開始了，答禮家屬男女分邊站，當然我站在女生這邊，但此時阿公來了，且走到兩個不認識的小姐後面，拉著她們的手，淚汪汪的望著對面的一位嘉義的小舅舅，很快對面的小舅，就發現有個淚眼汪汪的女孩一直對著他看；所以他一直很不自然。

家祭完畢開始公祭了，小舅很快就出式場，到了外面，而身帶著阿公的我，發現小舅不見了，便也走出式場，人群很多，但一下阿公就找到小舅，走到他身邊，雙手往小舅脖子一攬，眼淚如雨下靠在他的肩膀上；小舅雙手不停的推開說著：小姐，小姐，妳是誰的女兒，妳不要這樣，不好看，快走開。雙手一直推著。這時媽媽帶著剛才那兩位小姐走過來說：這就是嘉義的兩個舅媽。此時大家都知道是阿公來了，阿公說：我教兒無方，才會讓你們走錯路……交代了一些事。

到了出殯時候了，大家跟隨樂隊，伴在棺木旁，浩浩蕩蕩的往墓地出發，約步行三十分鐘就到了；神奇的事情發生了，阿嬤的墓園竟和頭七時看的是一樣，方向大小無異，只是原來砌磚的矮牆，上了小石子也粉裝好了。過程順利圓滿。中午回到式場，阿嬤的一生隨著入土，曲終人散——落幕了。

阿嬤就這樣跟了我快三個月，其間有感動、有親情、有生氣，更有很多身體的不適；但一切都值得，我更感恩上天，讓我有機會來引渡苦命的阿嬤，這也是唯一能為阿嬤做的一件事，這些事情也讓家人，很自然的談到，人生的最後一段路，相信大家和我一樣都受益匪淺。

數日後，到師兄那要謝謝他，對阿嬤之事的幫忙，一進門，師兄很奇怪的看著我對我笑，我也笑笑就去上香，到菩薩那一進去就又跪又叩的直說：菩薩原諒我，再給我一次機會。頭死命的磕著。

天啊！阿嬤還沒走？難怪我肩不舒服，還告訴自己是太累了。走出來後，師兄苦笑的對我說：一位穿黑色小紅花的阿婆。我說：沒錯，阿嬤走時就穿這樣的壽衣。

師兄也勸阿嬤要快去報到才不會誤人誤己。於是我問師兄怎麼辦？師兄說：妳自己去地藏王菩薩那查查，妳有一份疏文沒通過，去問問該如何處理。天啊！有夠厲害，竟然知道我最後一份疏文是菩薩不准的，本想只有自己知道。

於是到地藏菩薩案前，請示祂如何處理，菩薩說：妳真行，棒得很，菩薩不准妳還敢自做主張，開了疏文要引渡辦桌那些牲畜，結果化了蓮花全給無形的給搶走了，阿嬤也不敢去報到。

我告訴菩薩說：明雪知錯了，當時只想要阿嬤安心的走，再回來向您請罪；沒想到，沒有事先核准的疏文，真的無效，請菩薩給我機會。菩薩訓了我後，又說念在我對阿嬤一片孝心，恩准我補一張疏文，要回那些蓮花，讓阿嬤順利報到，就這樣一切圓滿；阿嬤這次真的去報到了。

大家是否很好奇，難道阿嬤這樣就沒事了，她以前難道都沒做錯事，累世的業報都是好的嗎？假如是，她不用妳來渡也能到極樂世界，若不是，光靠妳這樣渡就可一路順利，那對那些無法和妳一樣通靈的子孫來渡的往生者，是否也不公平？

的確，今天我很感恩上天看得起，讓我有這樣的機會來引渡阿嬤，但這樣的引渡只是讓阿嬤較輕鬆，先將她身邊的冤親債主渡開，阿嬤走時能一路好走，不至太辛苦而已，往後無論她到那裡，該是她要受的罪，我一樣也替代不了，我只能更加誠心、用心的做，希望能累積小小的功果，請菩薩迴向給阿嬤，替她消點業讓她慢慢了業，將來在另一個空間，自己會更懂得好好修持，才能真正離苦得樂如此而已。

很高興，當初自己只是單純想盡點孝心，讓阿嬤安心的走，誰知在這整個事情中也通過了兩個考，一個無情考，一個親情考，自己深深感動，感謝上天的厚愛。感恩！

天知道！怎麼醒的

某年三月初，我的好友小張來電說：他大哥的小孩是花蓮慈濟的大學生，兩週前中午，外出買東西和女朋友共騎機車，被一位原住民青年，開小貨車由後面追撞，女朋友外傷，他侄子則是頭部重創昏迷不醒，醫院說：要觀察兩週，大哥也怕大家擔心，所以想待穩定些再通知大家，孰知現在過了兩週了，仍無好轉現象，還在加護病房中，問我能不能幫忙，他曾聽我說過帶植物人的事，雖然很玄，但知道我從不隨便說話。我告訴小張：我不知你大哥信不信，若想試試看，我願意帶你們去師兄那裡。

於是當天下午就到師兄那，師兄看了姓名和地址就說：這孩子靈沒在身上，所以醒不了。要我去地藏王菩薩案前去查查。很快的查好了，祂說：這孩子的靈，在發生車禍時就因驚嚇過度跑掉了，被當地的土地公給拾去了，要到當地土地公那帶回，再帶回他的肉體。

當時張大哥一臉驚訝，但為了兒子相當配合，照往常經驗請師兄開文疏，讓我們到城隍爺和土地公那，才能順利的帶回張小弟的靈體，這次更謹慎，師兄要我也開文疏帶去，當晚，孩子移出加護病房到了普通病房。

隔日一早與張大哥先到霞海城隍廟，求城隍爺和善惡判官作主，通知當地土地公此事。上一次傻傻的不懂得問，只是誠心祈求，這次師兄告訴我，要問到確定無誤才可以。於是化了文疏後確定ok，和張大哥一起趕火車到花蓮。約下午四點，小張和一位朋友開車來接我們，小張一見到我，把我拉到旁邊很正經的說：小姐，妳是來觀光的嗎？

一臉狐疑的我笑著問：怎麼了？

他說：拜託，妳穿這樣，誰信妳？

我笑笑說：我不用別人信我，一直我都很自然，誠心就好，而且穿得很休閒，方便就好，沒事啦！他才放了我，我們很熟他會這樣說，或許真的當時大家心裡也都這樣想過。

車站離土地公廟很近，很快就到了，當時心疼孫子的外公也一起來了，到了土地公廟，大夥跟著我上香，上完香我向土地公問：「請問土地公，有個孩子名叫張某某今年幾歲……，請問是不是在你這裡。」（因為附近有幾間小土地公廟，並不確定被誰拾去，所以只能找離車禍發生地較近的先問起）

土地公說：「十來天前，確實撿到一個孩子，妳先將文疏化了，我對照對照再說。」於是先將師兄和我的文疏化了，又跪著問土地公，祂說：「沒錯，就是這個，當初也有人來要人，沒憑沒據的，怎麼要；就算給他，他帶得走嗎？真無禮。」

我謝了土地公後，起身告訴大家這個好消息，他們說，的確車禍後的幾天，孩子女朋友的爸爸，確實來土地公廟求過，請土地公若有看到請放了孩子讓他回去。

此時，在土地公廟裡看到有好幾尊落難的神像金身，其中一尊是母娘，臉黑黑的，頭上吊飾有點零亂，我順手幫祂理一理，祂說：「我就像人世間有的人，將父母親丟棄不管一樣；沒關係，將我丟棄的人，和那些不孝的人沒兩樣，將來他們的路會很難走，會受到上天的懲罰。」

我說：「妳辛苦了，相信很快，就會有有緣人帶妳回去。」一會兒，我請土地公讓我帶回張小弟，跪了一會兒，謝恩後正想起身（這時，我並不確定張小弟是否在身上，對我來說都是頭一遭，沒經驗，也無從問起，但土地公說已經交給我了），突又重重的跪下，猛磕頭的用國語說著：土地公伯，謝謝你，收留我這十多天，雖然你對我很好，但我還是好害怕，好怕回不了家，將來我一定會再回來謝謝你。這才起身，我告訴張大哥，將來張小弟好了，一定記得帶他回來，好好謝謝土地公。

又驅車前往花蓮慈濟醫院，將靈體帶回肉體，一上車我和張大哥坐後座，中間隔著小張，但張小弟手，一直伸過去拉著張大哥說：「老爸，我好怕喔！」

張大哥也很不自然的說：「沒事了，別怕。」

到了醫院，來到病床前，看到自己變這個模樣，眼淚汪汪的流，走過去摟住媽媽的腰，頭靠著媽媽的臉說：媽，我好怕！媽媽很堅強的說：不怕了，回來就好。病床上的張小弟，身體雙手握拳繃得很緊，拳頭手臂的筋，一直呈用力狀態，我用手拍拍說：「沒事了，放鬆吧！」

他似乎聽得懂，就稍稍放開，很快的，將張小弟靈體帶入了，臨走時，我用心與他溝通說：「你已順利回來了，再來就靠自己了，好好靜養，好好和醫生配合。」

他說：「阿姨，我知道，謝謝妳。」於是又搭夜車回台北。

小張太太來電謝我，我提了今天在醫院的情形，我說：又不認識，那些舉動很難為情。她說：真的！張小弟是長子也是長孫，跟大嫂真的平時就是這樣，在媽媽身上賴，現在大學了還是一樣。

隔天有點累，還是照常上班，到了下午約三點，感覺換氣不順，就靜心查問。哇！晴天霹靂！他說：「阿姨，我是張某某。」

我說：「怎麼可能？你別想騙我？昨天明明把你帶回去了，也確定有進去，不可能啊？」

他說：「阿姨，是真的。」我順手拿起了筆說：再給你一次機會，假使你敢騙我，你會被菩薩修理得很慘喔！你將自己的名字寫下。

結果，我的手，寫出他的名字，卻不是我的筆跡，自己也嚇一跳，我還是不信的說：你再寫一次。這次我控制著自己的手，希望寫出自己的筆跡來跟他辯白；竟然兩次的字跡一樣，和我的完全不像，自認寫了一手好字，這字跡……我很難接受。

他說：「阿姨，我的身體裡面已經有一個人，昨天妳走後，他就把我趕出來。」

我說：「你就這麼好欺負，你應該告訴他，這是你的，跟他搶啊！」

他說：「阿姨，我有，可是他好壞，我鬥不過他。」

我說：「好吧！那暫時就在我這裡，過兩天，等我考完試，再帶你回去。」自己也查了，那是一位三十三歲，酒後出車禍往生的原住民青年。我就火速去電告訴小張這些事，他較鎮定的說：那怎麼辦？昨天說已經帶回去，今天又跑回來，我當然相信你，但他們絕對會覺得奇怪，要我先問問大哥，張小弟的情況再說，於是去電問了，大哥說：昨天本來還好，到了晚上莫名其妙發高燒，醫生說：照理沒開刀，應該不會發燒，也檢查不出原因，只說再觀察看看，一直到剛才兩點多又退燒了。

聽完大哥的話，我才把張小弟的情況告訴他。他也很驚訝！我說：那我們再去師兄那問看看，再帶回去時該如何處理。八點和張大哥約好到師兄那裡，可能這狀況讓大哥很不放心，所以找來鄰居朋友一同前去，也或許想去看看師兄那有無玄機吧！就這樣三人驅車前去，在路上張小弟哭著說：「老爸，他好壞，把我趕出來，我好想回去，快帶我回去。」

張大哥說：「好，好。」鄰居很驚訝，不時想從照後鏡偷瞄我，我說：「張大哥對不起，我自己也嚇一跳，還好，張小弟還會來找我，我會盡力處理好，但要明天考試，考完試晚上才能去。」就這樣話題打開，鄰居才問了些有關我的問題；但我知道他心中的疑問一直在增加中。

到了道場，大略陳述一下，師兄說：「妳要帶入肉體時怎麼沒淨一淨？」

我說：「對不起，真的不懂，但是我有問，他也答腔說他回去了。」

師兄笑著說：「唉呀！妳被另一個幫腔回答給騙了。」

我問：「那怎麼辦？」

他說：「沒問題，但麻煩還要再去一次。」

我說：「沒關係，但對方假如真得很壞，不出來時要怎麼辦？」

師兄說：「妳怕什麼，法指一比，妳沒問題的。」於是張大哥的女兒幫我買了明晚七點半的火車票，明天五點半考完試再趕去花蓮，今晚張小弟就這樣讓我帶著，上天給我這樣的任務，自然不會讓我身體不適，我也告訴先生，他很支持，但要我盡力就好，畢竟很多事不是我們能掌握的。

一早，和當我模特兒的小妹到台北參加美容技能考試，因為身上多帶一人，肩膀很重，所以全部用具家當都請妹妹揹，上午考試很順利，下午考完彩妝，跟小妹說：「糟了！彩妝考得不好，眼影配色不理想。」

突然張小弟說：「不會，阿姨你畫的最漂亮，我有去看看，真的妳畫得最好，雖然我不懂化妝，但我會一點電腦繪圖，對顏色也還可以。」

我說：「真的嗎？可惜你不是監考老師，早知道，請你去幫我分數打高一點。」考完又匆匆忙忙，趕回家準備，搭火車把張小弟帶回去。

和張大哥約在火車上見，我們不熟，自然沒話題，互相問好後我說：「趁在坐車休息一下。」其實我真的有點累，但無法睡，心中一直在擔心，萬一那個它，真的不出來時我要如何應付，為了慎重，這回將道服也帶了去，希望能增加功力，順利成功。想著想著，十殿閻君來了，祂說：哈哈！明雪妳不用怕，看它有多壞，我用拖的也要把它拖出來，妳只管放心去，到了醫院時記得向天祈請我，我和妳一起去。

耶！好棒喔！就像吃了定心丸，擔心的事解決了。在車上，張小弟一直想跟爸爸說話，但我沒答應，我說：爸爸在休息，別吵他，你可以和我聊聊你們家的事嗎？於是聊了他的父母親，也要我轉告他爸爸，回去後他會更爭氣，趕快好起來，每次看媽媽那麼辛苦照顧，他就很難過。張小弟是一位善解人意又很乖很優秀的孩子。

下了火車，便去接張太太一同到醫院去，當然一下了火車第一件事，就是請十殿閻君同行，心中踏實多了，在途中張小弟拉著媽媽的手，要媽媽好好謝謝我。我跟他說：快好起來，將來結婚時記得請我就好了。醫院到了，這次為求謹慎，便換上道服，拉起隔間的布簾，想請張大哥和張太太迴避一下（因為我擔心這個它若真的很頑固，又跑到其他人身上時怎麼辦？），但是他們不肯離開，也好，就讓他們看吧！反正一切都很自然，讓他們放心，十殿閻君帶著我在張小弟眉間輕拍了幾下，咻！一下就把那個它帶走了，而我又將張小弟帶回去了，我告訴張太太別擔心，照顧好自己身體，張小弟很快就會醒。（照上次約一星期就完全清醒了。）隔天一早，先到醫院看了張小弟後，再趕飛機回台北上班，看護說：昨天病人睡得很安穩。

日子一天天的過去，已經十天了怎麼還沒醒呢？去電給張大哥，結果還是一樣；可能當初我把話說的太滿，現在又沒醒，讓他們對我也失望了，事實上，他的叔公是自己有個神壇，也是乩身，當初也斬釘截鐵的說：這孩子就這樣過一生，醒不了。孩子的親姑姑，在台中也到處去求神問卜，結果答案還是不會醒，讓她很傷心難過。只有我說：會醒；結果又沒醒，所以對我也失望了。

聽說，醫院有人介紹中藥一帖一萬九千元，兩三天吃一帖，聽了真的很心疼，根本沒對症下藥，何況又那麼貴，孩子都還昏迷中，好壞又無法明確的反應出來，真的很冒險。去電給小張和他太太，告訴他們孩子沒問題，只是需要一些時間，有些話我不能說的太明白，不小心說漏了天機，會被修理還會不能實現，但可以肯定的告訴你們，張小弟很好，勸大哥不要再花冤枉錢了，不小心會傷了他的身體，他們也了解我的用意。

我又抽空去問師兄，他說：隨緣，盡力就好。有位先生說：他的侄子曾車禍，也是類似情形，後來有人告訴他一帖藥，他也去拿給侄子吃，結果也醒了，而且不用錢，是佛祖濟世的處方，他去過，但是沒地址，他知道怎麼走，他說：在中和到安坑的路上，一個郵局對面，進去國小的旁邊就是了，叫「碧雲寺」。

天啊！這樣的形容，神仙才找得到，何況是路癡的我。很巧，隔天中午，一個多年不見的好友阿輝來找我，於是請他騎機車帶我去找，一路上，我就照那位先生所陳述的告訴阿輝，而他也很有耐心的找了好多趟，沿路有國小也有郵局但卻相離很遠，更沒有碧雲寺。下雨了，兩人淋得濕淋淋的，經過一間土地公廟，正好下來問問路人，但沒人知道，於是我跪著問土地公，說明來意請他指點。

土地公說：妳往那個方向找找看。於是又出發找了很久，我跟阿輝說：不行，找了快三小時，害你淋濕，真歹勢，我說：我四點約了客人，我們再找一趟，沒有就回去，正好他的手機響了又沒電了，就去公共電話回電，正想走時，有一位阿公走來，於是不死心又問了一次，阿公說：「我不知是不是妳們說的那一間，對面小路過去，有一間可以去看看。」

抱著一線希望前去，這條小路是山路，很小加上天雨路滑很難走，只有機車過得去的蜿蜒小路，順著小路到底，看見一座佛寺。真的不敢相信！怎麼可能？這麼多的車子是怎麼進來的，時間緊湊，所以顧不得那些問題，看見一位出家眾就向前問：請問這裡是不是……。話還沒說完她就說：喔！要拿腦部的藥到櫃台拿。肯定常有人來問藥，她才會有這樣的舉動，於是到了櫃台，也是一樣，話沒說完就有答案了，而且幾個師姐又說這藥治好很多頭部重創的人，昏迷腦震盪的更是有效，師姐給了我一袋有六小包，我說：師姐，我是花蓮病患要吃的，很遠，可不可以多要幾包；她說：這藥是純中藥，不傷身，但有效只要兩包，吃多了也沒用，夠了就好，記住，有紅花成份孕婦不能吃。

我說：喔！那多少錢？她說：佛祖濟世的藥不用錢，去跟佛菩薩參禮即可。好感恩，好高興，根本是不可能的任務，竟也完成，真是有志者事竟成，拿了名片又照原路出來，到了路口時，為了認路看了門牌，佛寺叫「金山禪寺」跟本不是「碧雲寺」，地址是中和市景平路四百多巷，而我們是從新店北新路三段進入，是繞一座山，從登山的小路進去，而那些車子是照名片地址才能進去。

阿輝，他是我表哥的同學，也是阿嬤的鄰居，當初聽過阿嬤往生那一段很懷疑，現在見識到了我的厲害，他笑著說：唉呀！那妳算是現代的巫婆囉？

我說：我也不知道，應該沒這麼漂亮的巫婆吧！但能救一個這麼優秀的孩子，當巫婆也無所謂，若我真是巫婆，我還希望，真有飛天掃把，快帶我回去，因為我時間來不及了，帶著一顆感恩的心和濕淋淋的身體飆車回去。回到店裡，去電告知張大哥後，隨即就以現掛方式，將藥寄到花蓮，請張小弟的姨丈送去醫院，當然信中除了藥的來源用法還有無限的祝福。

又三天了，怎麼沒來電說收到藥呢？照理隔天就到了，藥若吃了沒反應，也應來電詢問才對？突發其想跑到門口，向天祈請瑤池金母，我問母娘為什麼張小弟還沒醒？一趟路又那麼遠，真想看看他；於是很自然的閉上眼睛，天啊！傑克，實在太神奇了！竟然真的看到花蓮的病床了。張小弟看到我流下淚，母娘讓我帶回他。

我問他：阿姨寄的藥你吃了沒有？他說：阿姨，妳寄的藥，媽媽沒給我吃；她每天用黑黑的藥給我吃，阿姨我頭上有個大洞（用手摸著左邊的頭）醫生都看不到，阿姨，妳一定要幫幫我。我很緊張的說：不會吧！醫生都檢查這麼仔細，應該不會錯，那你有沒有試著告訴媽媽呢？你這問題很大，我不知如何幫你傳遞這樣的消息，若醫生都這麼科學還看不到你的傷，我說了誰會信，更何況我哪會醫啊？

他說：阿姨，沒用，媽媽聽不到，每次我看到她那麼辛苦，又那麼堅強的守著我，我就好難過，我要快好起來，阿姨，妳一定要幫我，妳都可以來看我，妳一定可以幫我治好我的頭。

我想了一下說：我會嗎？我不知道有沒有這個能力，若有，我願意幫你。

他說：妳都可以來看我，妳一定可以的。

於是去電告訴小張，我知道他很關心這孩子，但電話中他支支吾吾的，欲言又止，讓我搞不清楚，他真正想表達的意思，但我也把話帶到了，他卻要我直接和大哥聯絡。當天晚上張大嫂來電說：潘小姐，妳寄的藥我收到了，但醫院的西藥，加上我外面買的中藥，還有妳寄來的藥，時間上錯不開，所以我沒給孩子吃。

我說：喔，我也不知有沒有效，但聽說很多人吃了它，都把命救回了，而且頭腦都很清醒，我不是想邀功，真的能拿到這份藥，連我自己都覺得不可思議，不妨讓他試試這個機會，還有，我去幫他查問過，菩薩說：這孩子的確還有福報在，只是這一劫較不易過，可由父母到城隍廟求城隍爺幫忙，還有小弟說：他頭上一個大洞醫生看不見。說到此，張太太無奈的嘆了很長一口氣說：若這孩子真有福報就會醒，我也不想去城隍廟求。而且頭上X光照過無數張，不會連醫生都看不出來，我會盡力照顧，一切聽天由命。

心想，或許她們覺得孩子靈沒回來，帶回來又跑來找妳，又帶回去，又出來說他頭上有個洞；說來說去都我在說，最主要是說會醒又沒醒，會不會都我自己在胡搞。其實，若真有這種想法，也是可以被理解，因為畢竟他們是當事人，別說心急如焚，花的金錢也不是少數，我看起來又那麼平凡，難怪別人會懷疑，只是若他們真的這麼想，後續動作不配合，那我要如何去幫這孩子。於是去電告訴小張的太太，今晚和張大嫂的對話，重點要他們代為溝通。

隔天，在上班途中小張來電問了昨晚的事情，只覺他還是欲言又止，一下小張，一下他太太，努力想解釋卻詞不達意，最後性急的太太終於忍不住對先生說：你不說，我來說，這樣對明雪太不公平。

於是小張說：明雪，妳先不要難過，我們絕對相信妳，也很感謝妳對一個不認識的孩子做這樣的努力；雖然到現在還沒醒，但我們知道妳盡力了，但是據了解，大哥、大嫂現在很懷疑，有點排斥妳，原因只有一點，而且是不爭的事實：孩子沒醒，更可惡的是他鄰居還說「騙肖」哪裡可以這樣帶來帶去，他怎麼不來找我，都騙人的。

這趟花蓮，我看妳不要去了，免得到時候讓妳為難，我就更抱歉了。這些話都是透過張小弟的大姐得知的，大姐一直幫忙照顧，台北花蓮兩邊跑。當然，我一顆如此熱誠的心，瞬間盪到了谷底，在聽小張陳述的同時早已淚流滿面，心想，為什麼他們要這樣污衊我，我一個漂亮的女人不當，跟著你們台北花蓮趕來趕去，有時又身不由己的哭哭啼啼，又分文不收，有時還得自掏腰包又扣薪水，為的是什麼？只因為好友的託付，只因為張小弟的靈真的還很好，確定他會醒，而且又是一個如此懂事、優秀的小孩，或許是他與我有緣；就是如此而已，他們怎麼會這樣誤解我，真和我昨晚猜測的一樣。

我哭著對小張說：沒事，可能當時把話說的太滿，才會讓他們這麼想，我什麼都還好，最大的缺點，就是一遇到困難就退縮，無法堅持，真怕我的不堅持，會誤了張小弟的清醒。我想無論如何，既然答應張小弟了，就算難堪，我還是會再去一趟花蓮，現在三月中旬，四月初會回花蓮掃墓，到時候我會順道過去。小張與太太直表歉意，又一再謝我。

對我來說，真的是打擊，但我連最親密的先生，都不敢說，怕他擔心那天真的要去花蓮時，不讓我去醫院看張小弟。這幾天心情不佳，連美容的研習課都沒心去上，有天翹課，走著走著來到霞海城隍廟，於是進去參禮上香，謝謝祂們當初的幫忙，孰料城隍爺說：知恩圖報好德行……說了好多，而且在在都是我心情的寫照，也給我加油打氣給我信心，我心情又好了，又是信心十足。

這些天常和小張太太通電話，她好可愛，還是一直說抱歉說謝謝，她說小張有透過另一位碩士哥哥去勸大哥，碩士哥哥，曾在多年以前騎著朋友的機車出了車禍，在他車禍飛出去的剎那間，從小到大的成長畫面，很快在他腦海裡清楚的看了一遍，後來有位似曾相識的黑臉的人救了他，當他醒來時已經昏迷一星期了。於是從機車上的平安符，找到了那間廟，也在廟內發現當初救他的黑面老人，竟是這家廟的主神。希望藉由他人的勸說，能讓大哥們知道我的好意。

每次不管處理的是什麼事件，始終都是依靠家人的支持和自己很單純的誠心來做，從不曾去預想結果或想得到任何好處，其間更不時會替他們向上天祈求，因此這樣的挫折，心情自然也可很快得到紓緩。

很快的，明天就清明節了，傍晚一家人開車回花蓮，到了慈濟醫院已經十一點了，心想子時最好，可是又怕到時見了他們家人，若不給好臉色時，將無法靜心幫小弟醫頭怎麼辦？家人在車上等，只有我自己上去，當然我請了母娘同行，進病房還好，只有看護在，因為互相不認識，所以自然無罣礙，我自稱是張小弟的阿姨，看護說：張小弟情況一直沒改善，還是植物人狀態。站在床邊，只見張小弟理了光頭側著右邊身，露出左邊頭部睡著了，我輕拍著叫他的名，此時看護很緊張的說：小姐，拜託！他從昨天中午到現在才闔眼睡著，妳若叫醒他，我今晚怎麼顧呢？

我心疼的告訴張小弟：你怎麼這麼傻，阿姨答應你就一定會來，讓你等了這麼久。於是在母娘帶領下很快就處理好了。

清明節結束回到台北，日子一天天過去，都七號了該做的都做了，為什麼還不醒呢？除了向上天祈求外，也開始抱怨邊緣人的無奈。母娘果然聽到我的抱怨，來了。

明雪這個笨孩兒
為母一切賜給妳
只等用心去做起
其他都是自干擾

某某這個小孩兒
有緣受妳來渡起
奈何難關層層疊
也是他的因果起
這個重擔不是妳
小小肩膀擔得起
妳要寬心自在起
不要難過與自責
妳的心意母了解
待他肉體折磨起
因果業障消除時
母會給他機會起
頭腦清醒肉體好
給妳心願也圓滿
明雪我的好孩兒

此去責任與任務
天時緊急逼過來
用心智慧去判斷
渡起一切眾先靈
渡化眾生功德高
為母歡喜為妳等
待妳這生圓滿時
母兒瑤池再團圓
瑤池金母等待兒

有了母娘的背書，寬心不少，不禁想問到底什麼時候才會醒？

幾天後，小張來電說：張小弟醒了，會認人了，還是親自打電話給他的。只是說話還很慢，因為喉部氣切關係，是兩天前醒的，還說清醒的前一天，院長和醫生有過去看，當時情況仍沒起色；還曾將X光片拿去門諾醫院腦科去會診，豈料隔天醒了，大家簡直不敢相信，小張知道我的用心，一再謝我。當然除了他的家人外，我是最高興的，證明當初大家都不看好時，只有我一再告訴小張絕對會醒，我的冤枉也得以洗刷，證明我沒有胡搞的本事。我真的太高興了！自己躲在廁所喜極而泣，哭了好久。

天知道他是怎麼醒的！除了我和小張夫妻沒人知道，當然，本來為善就要不欲人知，何況是小弟有這福報，若早一點，我沒結這緣，也幫不了他，他倆夫妻一再謝我，於是我傳了簡訊給他們倆：不要再謝我了，表面看是我在幫他，其實是上天給我機會，讓我參與此事來成就我；所以不要再謝我了，要謝，請感恩上天慈悲，一切功德榮耀歸於上天。

不久張大哥來過一次電話，說孩子醒了回家靜養了，事情也落幕了，到目前為止我們還是互不相識。聽小張太太說：九月又回大學上課了。衷心祝福他。

這事件中讓我知道，不能太心急，凡事平常心，才不會有失落感，讓自己的心受傷害，更感恩上天給我這樣的機會，感恩上天對我的慈悲眷顧，雖然別人不知這其中的過程與心路歷程，但上天了解，我也忙得很快樂。

有緣人來謝恩

有一次道場那裡有人超渡祖先，當天有很多位師兄、師姐主動來幫忙，這是我第一次去幫忙超渡祖先，下午開始師兄依照往例，將祖先的靈位在地藏王菩薩案前一一調起，我第一次參加，所以只站在旁邊看，有位祖先借在一位師姐身上，一直的哭還癱在地上，看得到的師姐說：她很苦，頭部一個窟窿都爛沒了，雙腿也是。於是師兄請她先上座，有何冤情待會再請地藏菩薩作主，就這樣倒在地上的師姐也起來了。

不久，師兄要我們看看祖先們有無靈體不健全，用藥草醫醫他們，有位阿桑站在我旁邊，突然我雙手抱住她大哭的說：阿母，阿母……。原來此時來的是，這位阿桑的大女兒，於是她跪爬著在地藏菩薩案前，請求菩薩讓她伸冤，師兄要她有何冤屈說出來，在旁的媽媽和弟弟也心急如焚的說：妳儘管說，菩薩會替妳作主，當初妳被何人陷害，這些年我們也問過很多地方，希望能為妳做些什麼，但常常都查不出妳在哪裡。

她忍不住的大哭，拉住弟弟的手說：你不要去找他，菩薩會幫我，我不要你再與他冤冤相報，會害了你。他欠我的永遠都還不了，菩薩會替我討回的。

弟弟又問妳是怎麼走的。她哭得更傷心的說：那個人，他心好狠，用東西將我頭部打下去後，把我拖很遠，又將我丟到陰暗的溝裡，難怪你們找不到我。她與弟弟媽媽抱著哭得很慘，師兄說：菩薩會讓妳伸冤，妳快起來別傷心，於是請能醫靈的師姐為她醫一醫，果然感覺剛才的不適都不見了，我也擦擦眼淚起來。

大家都很好奇，當時這位姐姐是怎麼死的，妹妹王師姐說已經快三十年了：她的姐姐從小就小兒痲痺，在家時總是地板擦得很乾淨，大部分時間都是在地上過，到十九歲的某日，突然覺頭暈好像稍有感冒，送醫途中還喘著氣，有氣息在，但到醫院時臉部鐵青的就死了。當時大家無法接受，直覺告訴他們是隔壁的那位開宮壇，會邪術的鄰居，懷疑歸懷疑，卻苦無證據。

當時他們家境還不錯，爸爸雖然不是很有錢，但有房子，這個人曾想借用他們的房子不成，可能懷恨在心，而覬覦他們家的錢。這也是當時爸爸覺得可疑，徹夜未眠查了好多天才發現，那個鄰居又再紮草人作法時，找來警察帶走他，之後就沒再出現過，據說已經死了，當初要害的應該是爸爸，陰錯陽差下，姐姐成了冤魂。

當姐姐在我身上時，我可以感覺她的虛弱與無奈，甚至她欲言又止想表達的一切，卻又害怕弟弟為了幫她而誤了弟弟的善良，可能她們在這樣的情況下，也不能說的太過頭，否則一些命案冤屈，早就能一一偵破。雖然她的這一生就這樣過了，但在家人心中的那份愛，卻一直持續，我想，無論這姐姐當初的因果或宿命為何，她的善良，造就今日家人的疼愛與這難得的福報。

第一次的參與就有這樣的震撼與感動，告訴自己有機會有時間，我願意來為一些無法表達或有難言之隱的眾生們，了解他們所需，盡力幫忙。儀式一直到下午約七點才圓滿回家。

晚上正要入睡時，突覺房間門口有人，我以心通直覺的問：誰？喔！是今天的王師姐。她答：是的。我問：有什麼事我能幫忙的嗎？

她答：希望沒有嚇到妳，我是求地藏菩薩，讓我來謝謝妳今日的幫忙。我說：妳快別這麼說，能力所及沒什麼，這也是妳自己的福報，快回去，今後不論在哪裡，有機會都要快修，懂得修，才能讓自己脫苦得樂，自己救自己，好了，快回去吧！她答：謝謝師姐。就走了。

難得這樣一個有心的人，從此後，我與王師兄一家人保持很好的關係，再往後的幾次法會中，他們也都有為姐姐做超渡，而每次我也都會過去問問有何需要，最近的一次她告訴她阿母說：阿母，妳看，我現在已經可以用腳站了。

我想無論孩子現在身在何處，只要知道她過得好，就是父母最大的安慰。我也衷心祝福她，能儘早脫苦得樂，早日擁有她的另一個人生。

臨門一腳

每週一次的經典課程，時間上許可的話，我會盡量去參加，常常在大廟中都有這樣的經書可以結緣，但真的拿回去會看的人也有限，很多經文中雖有淺顯易懂的，然而看完後吸收的也不多，若經由老師的詳加解釋，加上小故事的引喻，和日常生活中的印證，對於看過多次卻無深刻感受的人，不失為一個好方法，也可大家互相探討自己或別人發生的種種狀況，藉以參考，修正自己修道這條路的迷茫。

又是一個令人期待的上課時間，我與王師兄、桂芬一同前往。寒喧後，師兄告訴我說：這週來問事的都很重症，有兩位是植物人，父母也都是高知識份子，但遇上這樣的事真是無奈。基於上兩次的經驗我問了：那他家人信不信呢？

他說：家人不信，有一個聽說還是大學生，這個不是父母來問的，是朋友的朋友熱心想幫忙才問的。又是大學生，讓我又想到張小弟，我告訴師兄：若他們還有來，請你把我的電話給他，之前帶那兩個植物人，情況都是醫院以醫學上昏迷指數，判定不樂觀的情況下，很幸運的都醒了，我知道他們家人也一定試過無數方法，花了相當多的冤枉錢，受騙怕了，所以，就算真的有再好的機會，都不願再接受，因此可能錯失好機會，我希望藉由我自己的經驗，讓他們了解，再給孩子，給這個家一個機會。

上課期間來了二次電話，都是洪師姐打來的，當事者叫文俊，是某大學土木工程系學生，某日在學校與同學打籃球時突然昏倒，當時新聞也報導了，一直至今，已一年九個月了，仍呈植物人狀態。此事是透過一位孫太太，她有一個腦性麻痺的孩子，在媽媽用愛心照顧下考上建中，現在就讀某國立大學，而孫媽媽為了照顧孩子，總和學校有很好的溝通與關係，同為學生家長的孫太太，曾透過電話與文俊的媽媽聯絡過，而這位孫太太的朋友洪師姐曾去過師兄那裡，就這樣透過洪師姐來問了文俊之事，所以我們才知道有這麼一回事。

下課後，師兄拿了洪師姐，傳真來的文俊家地址要我查查，於是我到地藏王菩薩案前查起，祂說：文俊這孩子的靈，並不在身上所以不醒，也給我看了當初出事的情形，是被無形「抓交替」給找上的。

師兄說：這件事時間拖很久了，恐怕沒這麼簡單處理。心想這麼久了，這不是一個人，而是一個家庭能撐多久，基於過去的經驗，我去求了地藏王菩薩，我問：菩薩，這孩子會醒嗎？若有機會，我請求祢讓我來帶他，讓我來幫幫他們。

菩薩說：妳真的要嗎？這可是會困難重重的。

我說：沒關係，我願意盡力。於是菩薩答應了，也告訴我一些以後的事。這件事沒人知道，我知道很多事需要機緣，這種事更需要，若有緣會有機會的，我留下電話等待機緣。

隔天早上與桂芬外出，手機響了，是文俊媽媽來電，她很客氣的向我詢問，我說：不好意思，因為我以前處理過類似的問題，很幸運的都醒了，我知道這樣的打擊是整個家庭的，希望妳能給自己給孩子，給這個家，再一次機會。

她說：當然，但出事至今，我幾乎試過所有的方法，精神金錢更無法計算，現在孩子每月花費基本就要六萬元，我們能力也有限。

我說：李太太，真的辛苦了，說真的，這種事有時不需花什麼大錢，就因為很多缺德之人，總在人家這麼危急無奈之時來賺錢，讓人不敢再去接受可能的機會。

她問我怎麼會這些？我將自己和當初帶張小弟的過程簡單的陳述後。她有點心動的謝謝我的好意，她說：孩子是她的，她照顧是應該的，而我們素昧平生的，妳又這麼有心，就因為妳所說的一句，有緣。

我說：對啊！就是有緣，只要有機會我願意盡力。她說：要不要上來很多趟，因為孩子都是她照顧，她無法離開太久。我說：是不用，但若對孩子有好處可能會有機會醒我想再多次，妳都要來。她說與先生商量後，再與我聯絡。

就這樣桂芬、王師兄知道這件事，她說：明雪，到時候，有什麼我可以幫忙的，妳不要客氣。王師兄更自告奮勇說：假使有需要跑來跑去的話，我來開車載妳們，別客氣。大家這麼發心，動機很單純，只希望對這孩子這家庭有所幫助，試想，自己孩子只要身體不適發燒，我們都會睡不好守候著，這樣一個事件，不僅孩子受苦，家長受累，更是拖垮整個家；現在只盼望一切有緣。

一天過去了李太太並無來電，中午想小睡一下，但就是找不到一個好姿勢，索性起身打坐，菩薩來了，祂說：明雪，妳生性善良，什麼都好，就是嘴巴快了，老是改不過來。我連忙說：對不起。

祂說：對不起沒用，要改。又說文俊的靈體的確還在學校附近，但時間已經有限。

不久，桂芬來電說：她看書後就閉目養神，還強調沒睡著，只是瞇眼就聽到有人叫：救救我，救救我。她張開眼直覺就是文俊，妳知道的，我們這種人的直覺是相當準的。

我說：沒錯，我昨天和李太太通電話時，竟也知道文俊的樣子，和照顧的情形，剛才菩薩來罵我，還說了他的情況。於是我說：我很想去學校看看，那附近很寬闊，土地公廟也一定不只一間，我想先把土地公廟確定，到時候李太太若真來了，一天內要跑幾個地方，才不會手忙腳亂，而且我騎機車較方便。

桂芬說：我和妳去找，但無論騎誰的機車，妳都要載我。桂芬是大陸姑娘，路自然不熟，而我是路癡一個，希望不會迷路。

早上送完小孩上學後，不久桂芬就來了，兩人共乘機車往台北方向出發，昨天自己找了地圖，加上先生的說明，還是霧煞煞，我是沒有方向感的人，東南西北對我來說永遠分不清，但這一趟路卻出奇的順利，很快就到學校校園。

我們先問了一位同學，是否知道文俊的事，同學說不知道，因為他是新生，但可帶我們到籃球場去。到了籃球場又問別的同學，他們說聽過此事，但不知道在哪個籃球架下發生，於是我們直接進入球場，很快的我就感應到，突然桂芬蹲下來流著淚，於是與他溝通後確定就是文俊，我說：這麼久的時間你都在這裡嗎？

他說：是的，我回不去；我好想回家。

我說：今日有緣，我們願意幫你，而你在這千萬不能有壞念頭，想用當初同樣的方式離開（因為他被抓交替，我提醒他不能再如此做）。試著要他說出一些事，但總支支吾吾的不敢說。

桂芬說：旁邊很多靈在拉著他。於是我試著將周遭趕一趕，誰知他一下就被拉走了。桂芬起身，商量結果，是先找到土地公廟問問。就在對街後面有一間土地公廟，土地公廟裡還有幾尊神佛和觀世音菩薩，我們跪地誠心祈求，希望菩薩幫忙，但菩薩說：

今日誠心來求起
奈何這非妳因緣
待他父母誠心時
菩薩才來作主起

祂說：妳們非親非故，連朋友都談不上，這哪是妳們可求的。心想這該怎麼好呢？

他父母都還沒跟我們聯絡，這怎麼辦？我們又問了土地公：土地公伯，你怎麼沒將那孩子帶來這裡較安全呢？祂說：周遭冤親債主來纏起，我如何將他帶回呢！最後只能請祂多去關照文俊。

我們就在廟外的樹下聊聊，桂芬說：裡面坐旁邊的神是誰？她說：我叫祂如來佛祖。我大笑的說：我也不知道，我看祂的頭上一顆顆的，我叫祂釋迦牟尼佛。兩人笑成一團，不知道哪個叫錯，還是都錯。

桂芬說：昨天菩薩說這次困難重重，要她放棄勸我也放棄。兩個笑笑說：考試喔！我們打了電話給師兄，告訴他文俊還在籃球場，師兄說：沒錯！我向他要了洪師姐的電話，想回家再聯絡。回程途中洪師姐來電，不久李先生來電，我簡單陳述，知道他覺得不可思議，但希望他可以再給孩子一個機會。不久李太太來電告知，明天一早北上。我們相當欣慰，無論是否清醒，總是希望能將他帶回家。

照往例，明天行程緊湊，要帶回家中一定很晚，我要開車又不方便，於是去電告訴王師兄今天之事，他非常發心的說：妳們忙妳們的，開車看我，這是我能做的，妳們一定不要客氣。晚上李太太又來電，問了一些我以往的經驗，我也告訴她明天還有王師兄與桂芬同行，她感謝不已。

當然今晚一定請求菩薩，讓我們明天一切順利，菩薩說：難得妳們這麼有心，想考都考不倒，明天會助我們一切順利。我問：他的肉體內是否有人在？祂說：有。要我明天入門前，記得請祂一起進去，祂會幫我們。又是感恩的一天。

隔天八點半就到車站接李太太，雖從未謀面，但一眼就看出，一頭花白一臉堅強的李太太，一上車盡是謝意，讓我們很不好意思，還問我們孫太太和洪師姐，我說：我們都不認識。一路上聊很多，聊到我的結緣、過程和之前有關經驗的甘苦談，她也說了很多這一年來所做過的大小事，當初，曾有人打包票的說保證三天就醒，而且花了很多錢，已經幾百個三天過了，依然沒醒，現在他們也無法再負擔額外的開銷了，現在只能盡力，把孩子身體顧好，等待將來有更進步的醫學發現時，孩子也才有希望。

李太太的堅強與不放棄，讓我們深深感動。我告訴她：希望妳不要懷疑我們，就是因為太多趁人之危來斂財的，所以我們都希望慢慢來做，而讓社會上這樣的人自然淘汰，因此大家更要去分辨，讓那些人無利可圖時，自然就會出局。妳也不用一直謝我們，我們共同誠心來求上天，讓孩子能順利圓滿清醒。

她說：將來孩子真的醒了，一定會好好謝謝我們。

我說：真的不用，但我對妳們家屬只有兩個要求，一是，無論今天以後孩子醒不醒，只要我們今天去過的每一地方，將來有空一定記得再去謝恩。二是，希望大家能力所及盡量幫助需要的人。當然誠心的李太太都認同了。

第一站到了師兄那，很快的師兄向往常一樣開疏文及交代該注意的事項，他要我去查了一下因果，也帶李太太在地藏王菩薩案前祈求，也在十殿閻君前祈求，請祂們開恩赦罪，讓我們可以先將文俊周遭的冤親債主渡開，好讓我們可以順利去帶他。我們三人也都開了疏文同去。

於是往第二站霞海城隍廟出發，此時已經中午一點了，到了城隍廟，請城隍爺和善惡判官作主，希望今日沿路無形的種種關卡可順利通過，因為我們看不到，怕有疏忽之處。今天是農曆十月十五，廟內人潮眾多，城隍爺說：

誠心慈悲好孩兒

此去關卡一路開

要我們先呈上疏文，疏文化了後，又來跪在案前，祂說：可以了，快起程。我常被這些，自己無法湊出來的台語對句文言文，感到不可思議。

又向第三站土地公廟出發，到了那裡，一樣先說明來意，請土地公讓我們順利帶回文俊，祂說：

先將呈文來對清
老身為妳將路開

先呈文後，又來跪在案前，祂說：無誤，老身與妳同去。我說：今天是農曆十五信徒真多，祢和我們去，那等一下人家來拜拜怎麼辦？祂說：那不打緊，那是小事，辦正事要緊。心想，天啊！這疏文真的這麼厲害嗎？此時的我已是年邁的土地公，老了，跪著卻站不起來。桂芬知道，她將我扶上車，又往學校校園去了。

在車內時祂說：不是我不帶他回來，是帶不回來，我也常常去巡巡看看他，妳（李太太），沒事了，別擔心。很快就到了，下了車還回頭告訴王師兄：這裡是我的管區，前面就有你的車位（果然，前方就有一個空車位）。祂沿路進入校園，一路開路，帶著我們走到籃球場，（其實當時很多學生在打球，我試著想走樹下，但土地公卻要橫著穿過球場中央走，所以也顧不了禮貌和學生好奇的眼光）。

走到了四號籃架下，祂說：明雪，就在這裡交給妳了；頓時我肩膀一抖蹲了下來，一下回過頭站起身，雙眼無法睜開，像久未見陽光，無法承受般，用手擋了陽光，用雙手摸摸籃架想確定一下真實的感覺，靜靜的看著學生打球。轉過頭，拉著媽媽的手，眼淚汨汨的說：媽，他們抓著我，不讓我走！

媽媽問：現在呢？

他說：走掉了，中午就走掉了；媽我好怕媽……，拉起桂芬的手說：媽，昨天這個姐姐有來找我。

桂芬說：好，那我們走了，但他可能在樹下蹲太久了或怎麼樣，腳卻無法走，桂芬順手拔了旁邊的青草，搓揉後幫他順順他的腳，才好了些。我們就走出球場，走著走著他說：我好餓，沒力氣，又在草地坐一下，桂芬怕我身體撐不住，要他先退下跟著我們後面走，他好害怕不肯，一直拉著媽媽說：不要，我不要在這裡，到時跟丟了，回不了家怎麼辦？所以，就很吃力的走到車上。上了車他就下來了。

我們又回土地公廟跪著謝恩，往他家出發了，也已經快四點了。沿路李太太一直問，他還在嗎？很怕會不會帶錯人，所以，也曾試著問些奇怪的問題來求證，我笑而不答，我了解她的用心。

六點到家了，在巷口就向天祈請菩薩同行，一進門就看到躺在床上的文俊，我們很自然的開始「清理」（周邊的冤親債主），一趟又一趟的「帶出」到門口猛吐，約有十來分鐘，隔壁鄰居不時的探頭出來看。最後文俊身上那個在靈，我的法指下了，它還是不出來，我一下突覺被一股力量衝來，退了一步又跑去外面吐，進來後，換桂芬上場，我們互看一下還是不行；就打電話給師兄，在電話中唸無形經與他溝通後，最後用帶去的硃砂筆幫忙後才將他逼出，果然出來了，但換桂芬到外面猛吐！

接著要將靈體帶回文俊肉體，當我再次靠近床邊時，他卻一直往後退，再一次還是一樣，他說：我不要，怎麼會變這樣？原來，文俊是一個帥氣的孩子，很注意自己外貌，當時因為腦壓過高，怕壓迫到大腦所以將前額拿下，前額也因被身體吸收變小了，所以現在裝回去後呈凹陷狀，對本來愛美的他，自然不適應。媽媽仔細解釋告訴他，將來醒了，再做前額整容，回到以前英俊的樣子後，他才放心的回去。

定定神後，化了紙錢，我和桂芬跪地感恩菩薩慈悲帶領，讓我們順利圓滿，再來就靠他的造化。但我們深信他會清醒。桂芬說：帶出來的那個靈，現在還在她身上，而且一直罵她雞婆。

已經七點了，李太太無論我們如何推辭，就是要帶我們去吃飯，盛情難卻下我們一同去用素食餐，用餐時還是一直謝我們，她說：她曾經去創世基金會看過，服務人員相當少，假如孩子醒了，她會將現有的器材捐出，她也會出去幫忙照顧植物人。當初試過無數方式後沒起色，有人說是他們家祖先風水引起的，結果花了很多錢將祖先風水重新弄過還是一樣。

我說：我也不知道為什麼我們會這些事，但今天包括昨天的一切，都是那麼自然在運作，而每到一處，仙佛也都慈悲牽引我們，來完成這些自己都覺不可思議之事，當然我們非常樂意來做此事，希望上天看到妳的用心與妳的大願，讓孩子早日清醒。

回程我問桂芬還好嗎？她說：沒事。我們打了電話給師兄，告訴他一切圓滿，也告訴他桂芬身上的事，他要我們先到他那裡後再回家，怕桂芬不舒服。我們回到師兄那兒已經十點了，上香後，桂芬跪在地藏菩薩案前猛磕頭說：她不甘心。原來這靈，是位阿婆，從日據時代往生就在那等，好不容易等到這機會又讓我們有緣，很雞婆的把她帶出，所以她不甘心！後來師兄點了大把香，請菩薩作主讓她在這裡修，將來有機會再渡她，今天也化了些金紙給她，就這樣將她帶開了。

桂芬、王師兄和我三人忙了一天，現在放鬆了，才覺得有點累，但每人都忙得很快樂很感恩，都希望能盡快有佳音傳來。

至今我們也不知洪師姐和孫太太是誰，都不相識，幾天後洪師姐打電話謝我，我說：別這樣，不是我們有能力，是上天慈悲，妳這樣，我受不起。她很激動的說：她和孫太太去文俊家看了文俊，隔天又去了師兄那裡，師兄說還有一個關卡沒過，要請他們再上來求才快。結果她和孫太太都請李太太再上來一趟，李太太好像不願意，藉口很多，我也與李太太聯絡過還是一樣，我知道她擔心，菲傭一人無法照顧，又怕來這一趟，會不會還要很多趟，到最後是否又和其他人沒兩樣呢？我和桂芬決定再去問問菩薩，隔天我和桂芬送完小孩就出門到菩薩案前求起。誠心跪地求著，但祂要我們別跪，起來，祂說：

明雪桂芬妳們起
此事不是妳責任
雖然有心來求起
奈何是妳擔不起
妳們誠心我都知
機會還會再給起
妳要寬心自在起

於是，我們又去求了地藏王菩薩，告訴祂困難重重我不怕，只要給我機會告訴我還有什麼補救方式，我願意盡力去做，跪了很久我說：可能是我做的不夠、做的不好，菩薩才會這樣考我，我也知道這樣一個小小要求，只是考他父母的誠心，他們竟無法做到，祢很生氣；但是希望祢原諒她，體諒一個母親的心情，再給這孩子機會，讓他醒來，讓他父母心服口服的相信，讓他們將這善音向外傳開，受惠更多的人，也讓她的發心去幫助更多的人。還有其它我們可以替他做的，請告訴我，我願意盡力。

菩薩說：方法有，妳可面向北方誠心跪求，再唸地藏菩薩本願經請祂作主迴向，連續三天。我說：我願意，但我分不清東西南北，所以，我就像平常一樣在陽台向外祈求。我跟桂芬說了此事，她說：我也跟妳一起唸。

下午跟孫太太通了電話，我們都感覺到李太太因為自己孩子變故的關係，她的不平的心一直大於任何事，所以無法將心念來改變。孫太太告訴我二十年前，她生了寶貝這個腦性麻痺的孩子，當時她也曾經歷過這樣的無奈，但無法改變下，心念一轉，懷著感恩償還的心與孩子共同學習共同成長，現在孩子很棒，她也把心得分享出來幫助很多人，現在的她，很希望李太太也能放下怨氣，才能走出這樣的不幸；但一直強調李太太現在的想法是可理解與原諒的，唯有這樣走過的人，才能體會箇中滋味，是多麼艱難。

晚上十點文俊的爸爸來電，除了謝我以外，還告知李太太明天會北上，但是要我保證這是最後一次上來，又希望我能告訴他孩子何時醒，醒的程度為何。

我說：對不起，我無法保證是不是最後一次，這也不是我們可以作主的，我們只是照訊息來點知你們，這樣的臨門一腳，不說，我自己都於心不忍，至於來不來，由你們決定，孩子我所知道的現在很安定很好，不論將來醒不醒，至少我們的確將他帶回自己身體了，過程中我也可肯定告訴你，一切都很謹慎圓滿，問我何時醒？抱歉，這我無法告知，現在醫學如此發達，就算醫生為病人開刀，都還須請家屬填具同意書，重症者開刀對症下藥可能痊癒，但小手術時醫生說：小手術放心沒問題。都可能因為事後照顧不周感染或某種因素就沒了，這種看不見摸不著的，我又如何告訴你，給你保證呢？

李先生又問，為什麼一定要北上求地藏王菩薩，在這裏求不行嗎？祂們不是一樣嗎？我說：祂們應該是一樣慈悲，我也不會說這裡的多厲害，只能說：就像人世間的個案，檢察官很多，恰好你這一件分配給祂審理，你應該好好配合才知道問題點，而你去問別的檢察官也查不到，因為卷宗資料在這裡；可能答案非他所要的，他說：考慮先不北上，想先到當地求，下次想來再和我聯絡。我說：「隨緣」。當時的我心中有點激動，但想想還是隨緣放下，畢竟這是我無法替他求的。

不一會李太太來電說：她明天一早上來。我說：我知道，妳放不下孩子，但明天我會開車載妳，辨完事會，直接載妳去車站，讓妳儘速趕回去，別擔心。去電孫太太，她說才與李太太聯絡過，原來是孫太太勸他應該先北上，真的還不行，再回當地求才對，她還要我明天要多幫幫李太太。

孫太太說：學校圖書室，有位楊小姐，是位虔誠的佛教徒，每天上下班都經過籃球場，總覺得怪怪的，說不出那種感覺，像是有人在籃球場上，但也總覺得文俊應該會醒，說她有位同學，也是從樓上摔下顱內嚴重出血，昏迷不醒，醫院認定為植物人，也是藉由宗教方面力量，在一年半後，奇蹟似的甦醒了，同學清醒後還說：當時有個人（無形的）一直掐住她的脖子，所以她起不來，醒不了。因此在她直覺深信下，也很熱心的與孫太太保持連繫。

隔天與桂芬很早就接到李太太，她一直告訴我，為什麼她離開一天那麼困難，因為她與菲傭每天都要為孩子做復健運動、餵食洗澡……等，最主要都需兩人才有辦法做，且很擔心她不在時，孩子的一口痰卡住，可能就走了。當然我們能體諒，但我們求不來的還是需要她們自己來。

到了師兄那裡，師兄很熱心幫我們，我和桂芬又跪又拜又磕頭的，只求菩薩能慈悲讓文俊快醒，別讓李太太這樣奔波。菩薩說：只是考他父母一點誠心這麼難，還要妳們來替他求，這樣的要求都做不到，只說有誠心，若沒誠心她就不會來，她心沒帶來，心還掛在孩子身上。我們還是一直求著。師兄要我到七殿泰山王那查這次因果，七殿冥王說：

累世冤業來造起
牲畜性命草菅起

看到的畫面是，一個十來歲孩子，在一個像古時候簡單的竹籬笆內，走著走著揚起腳將前面跑的雞隻踢個正著，馬上雞隻就高高飛起又落下，覺得好玩於是拾起木棒置於身後，走到門口出奇不意的，用木棒重重的打在門口的大白狗頭上。試想那隻雞不死也難，而大狗不昏才怪。自然我對張太太做了陳述，她無法置信的說：孩子我一手帶大，他很有愛心，見到小動物可憐，他都會流淚。

我解釋說：我知道文俊很善良，應該我也編不出這樣的故事，何況這是不可知的過去，無論有沒有，但願這是果而不是因，因為這樣若是因，將來的果是我們還不起的，希望藉由生活上的學習，讓我們能善心善念不再造惡因，才能不收惡果，自在心。

處理好載李太太到車站，我和桂芬說：原來當初說困難重重是在這裡，的確是我們無法替代無法掌握的，還好透過大家的幫忙還是圓滿了，再來真的只能靠他們的誠心。

桂芬問我昨天唸本願經了沒。我說：還沒，昨晚光聯絡此事就到很晚，今天開始吧！她說：昨天就唸了，因為沒唸過，又是繁體字，一本唸完四個小時，他先生也很有心與她一起唸，兩人替換著在陽台跪。對經文我們真的不常接觸，晚上我也唸了，我比桂芬厲害，一遍快三小時，往後的三天我們都做到了，的確不輕鬆，跪完腳發麻，站不起來，但是在讀經的過程中，不但不覺累，還像可以身歷其境的，了解那些地獄的鐵圍山和種種酷刑情形。唸完後才悟出，或許是菩薩考我們耐心定力，會不會因為辛苦而作罷，反正又不是我們家的人。我想這一關我與桂芬應該通過了，感恩。

文俊之事算告一段落，我不知何時會醒，但我知道機會很大，只要有上香時或做功課，任何可以與上天溝通的時候，都會幫他求求，希望哪天菩薩們「不堪其擾」讓文俊清醒。

每一件對我來說都是第一次，除了誠心與用心外，其他就是上天的事了，此事因路途遙遠還有點繁瑣，考驗也很多。已經過了多日，還沒有清醒的消息，對我們來說除了盡力，就只有祝福，但心中還是會不放棄的期盼！這個案又是上過電視的社會新聞，難免受人關注，有位師姐不但無法同理心，還大肆的汙衊我們，說我們憑什麼，那就不需要醫生了！雖淡然處之，但聽起來還是有點難過，畢竟當事者還沒醒是事實。

經過一段時日，我們決定前去文俊家，去看看現在情況為何，當然也請示了菩薩，祂說自會定奪。當天清晨三四點，來了兩個沒看過的奇怪人，兩人頭戴四角錐形的高帽，手中各捧著紅色盤子，上面放有一大疊壽生金紙，一個手上的紅盤子，上放的是一個個疊起來的麵線，送來後就走了。

一早三人集合後，先向城隍廟出發，現在的迪化街已是年貨大街很熱鬧，因為找不到停車位，只有我和桂芬下去，走進迪化街分不清東西南北，於是問了商家，他說：小姐，妳嘛幫幫忙！站在城隍廟門口，問城隍廟怎麼走？天啊！怎麼廟口的棚架拆了，難怪我們看不出來。擺好水果後我與桂芬跪地誠心謝恩，感謝祂的照顧與疼惜，祂說：

明雪桂芬清和兒
知恩知報好德起
城隍爺公也疼起
未來路程一路開

清和切莫心苦起
望你堅心來行起
用心上天也看見
慢慢一切就過去
明雪上天疼惜兒
上天果位在等妳
桂芬孩兒也慈悲
上天也是稱讚起
望你一路相牽起
大道等你共收圓

又是一番感恩不盡的話，此時我跟桂芬說：妳看，早上來的就是祂，第一排第三個戴高帽子那個。原來是二十四司裡的善惡判官。

中午後到達李家，李太太不在，只有文俊和菲傭在睡午覺，他睡得很熟，我們先聯絡李太太，她說：約半小時就到家，訊息來了，要我打開文俊的玄關，順順他的身體、頭頂，讓他元神自在。當手放在玄關位子上時，真有一股很強的力量，帶領著慢慢往上，這樣的程序很快，三分鐘搞定且很自然，於是我們就坐著等李太太，也靜下心來期待文俊的甦醒，訊息來了：

玄關已經來打開
一切順利會清醒
功德圓滿來做起
到時佳音報給妳
不再擔心與懷疑
菩薩助妳來做起
一切圓滿又順利

約十來分鐘，文俊張眼醒來，我們靠在床邊看他，他的眼神非常進步很溫和，沒有上次的呆滯，王師兄說：他的眼神好像跟著我動，我試了一下，好像真的；菲傭說：他的眼睛應該是沒反應。但我們都發現文俊，直視我們後發覺不認識，有點不安，不好意思想將頭轉過去，我跟他說：別怕，我是媽媽的朋友，我來看過你，媽媽馬上就回來了，於是請菲傭向前一點，讓他有安全感。

我說：文俊，阿姨知道你聽得到，也已經醒了，假如你真的聽得到我的聲音，你試著將手慢慢伸直打開，讓阿姨知道你聽得到我的聲音，於是我拉起他輕握的手，竟慢慢伸直了，大家都好高興，我說：好棒，等一下媽媽回來時，做給媽媽看喔！

李太太載女兒下課回來了，她很客氣很高興的招呼我們，我說：我們去嘉義回程路過，進來看看，又說，文俊進步很多，說了剛才的情況。

她說：可能她每天看，較感覺不出特別不同，但有時要扶他下來做傾斜床運動時，他若身體緊張僵硬時，我們根本無法搬動他，但我會要他放鬆，告訴他媽媽會扶住他，我們只是要做運動而已，有時他像是聽得懂就放鬆了，這是我覺得有進步的地方。

聊了一會，我說：文俊，我們要回家了，你已經醒了，現在就靠自己意識快起來，下次換你到臺北來看阿姨，不是阿姨下來看你喔！李太太也附和著說：是啊！正當我們轉過身時，文俊身體大大的動了一下，我們又走到床邊看，當時文俊竟紅眼框流淚哭了，我知道，他是感動是難過，我說：文俊，別難過，阿姨都了解，希望你自己更爭氣，加油。

他像一位不好意思的大男孩，哭時一直側著臉，不讓我們直接的看著哭泣的他。大家都覺得很神奇，植物人應該沒有情緒反應的，怎可能會這樣呢？感恩上天的幫忙。

晚上去電陳老師，告訴這些事，還問了他善惡判官之事，他說：應該是送來的是文俊的「壽」，也去電孫太太，她非常的期待，當說明當時情形後，她一直謝我，還拜託我若有任何訊息來，請我多費心。

無論文俊何時可以完全清醒過來，還是感恩上天的慈悲，給文俊也給我們這個機會，感恩！

晚上菩薩來了：

意識已經醒
頭腦也無疑
氣神聚集起
就會來全醒
不再掛心起
佳音會報起

放心啦！無疑啦！

隨後菩薩還說，帶了一位來看我，我說：誰呢？結果是霞海城隍爺。心想，我真的阿達了嗎？是自己想的嗎？於是甩甩頭，重新看一次，菩薩說：沒錯，城隍爺說要來看妳。城隍爺還真站在落地窗前，一身的官服就像電視上的包青天衣服一樣，方方的烏紗帽，左右還各突出一支長長的，臉上有點黑黑的，應該說是咖啡色的，不是包公的黑色，有鬍子，人很高大。於是我就地跪拜，感謝城隍爺的疼愛與幫忙，我說：這樣我受不起，我要去睡覺了，抱歉！我知道有點無禮，但最近被誇得，我不自在了。誰知祂們又說了：她就是這樣，才會讓人疼愛她。

真是受寵若驚，但還是自然一點好。

隔天問了教道德經的陳老師，為什麼城隍爺看起來不是廟裡的樣子？是像穿著官服的樣子？陳老師說：應該沒錯，因為城隍爺是縣的地方官。

原本以為很快就有好消息的，但卻一直沒有，不免擔心，問了菩薩，菩薩要我們放下了吧！我還是一直懇求著。

桂芬來電說：昨夜做功課時文俊前來求救，他叫著：田阿姨，求求妳轉告我的父母親，現在只有他們誠心懺悔，菩薩才會給他機會，還說他很怨他爸爸，因為爸爸的固執誤了他，桂芬要文俊自己託夢，或其他方式來點醒他老爸，他說：他沒辦法，而桂芬只能說盡力將訊息傳出，並不是不幫他，只是他父母煎熬無奈的心無法理解，任誰也幫不了他們，當哪天他們想開了，想再請我們幫忙時，我們當然是義不容辭的去幫他。

於是桂芬與我商量後決定將此訊息告訴孫太太，大家商量看看，孫太太說很巧，她的一位好友，昨天才跟她說了一段靈體出來求救的事，所以當我說了此事，她很相信也深覺惋惜，她說再與圖書館那幾位學佛的友人，商量後再與我聯絡，而她也是很贊同我與桂芬的看法。

幾天後孫太太來電了，開頭第一句就說：沒救了！她很無奈的說：與圖書館友人商量後，很婉轉的將此訊息用電子郵件傳給文俊的爸爸，得到的結果是；他現在只想盡力為文俊的後半段人生做安排，其他都不想了；意思就是說，只希望訴訟能從學校拿到賠償金讓兒子有依靠。他的無奈與做法如此堅持，真的很可惜，很無奈，一路到此，或許真是我們該放下了，可以告一段落了，畢竟是我們想幫卻使不上力，求不來的；還是誠心祝福他，能有奇蹟出現！

某日清晨，似夢似醒中彷彿看見文俊與他的父母，文俊哭著說：菩薩已經放棄他了，他不時責怪父親的不是，而他父親依然堅持對學校的控訴。所以大家對他們的幫助，在他眼中都不重要了，因為孩子終究沒醒來，沒能如他所願。

李爸爸成立了自救會在網路上不斷抨擊學校，告學校打官司要求賠償，對於別人的關心不再接受，只用自己的方法，去爭取未來孩子的照護費用。真的，我很擔心，難道菩薩真的放棄他了嗎？畢竟我們做過努力，我們心疼這個孩子，但很多時候是我們使不上力的，沒有人可以擔起別人的業力。

我想再次證實，於是晚上問了菩薩，祂說：

明雪，確實文俊之事，上天已經來放棄，妳不必再過問了，上天的慈悲是用在有心、用心之人，就像妳們一樣，妳們自己要放棄，就算上天再慈悲也救不了妳們，所以凡事靠自己，自己最重要。

是的，自己最重要，雖然此事已告一段落，但心中還是有點不甘心，這樣關鍵性的臨門一腳，卻只是誠心與感恩，上天考驗的只是一顆心，真誠懺悔感恩的心。但對某些人來說，卻是那麼固執、困難與迷惑，或許這也是個人的業力與福報關係吧！

希望在未來這些心的障礙會化開，能有奇蹟出現，雖然上天不要我再過問此事，但我會在心中默默為他祈求。

謝恩

正月初四，今天與桂芬相約前去某大學校區的土地公廟去謝恩，感謝土地公年前對文俊之事的幫忙與照顧。大約十點我們倆一起共乘機車前去，先到迪化街霞海城隍廟去謝謝城隍爺當初的幫忙，日前還與地藏王菩薩來看我，雖受寵若驚卻也承受不起，所以當時只叩首後就進房去了，實在不敬，還請城隍爺見諒，昨天是西洋情人節，今天來城隍廟求月老的人很多，城隍爺對我們說了些話，因人多又未帶筆，所以並無做下紀錄，但還是讓我倆感動不已。

接著到學校校區的土地公廟去，年後土地公廟經有心人整理，顯得比之前更整潔，也增加了兩尊落難神像，一是天上聖母，一是斷了手的關公，應該又是人家丟棄不拜的，我們向菩薩和土地公說明來意，感恩當初祂們的鼎力幫忙，土地公很謙虛的說：像妳們這麼有心，上天都會來疼起，上次之事不足掛齒，此乃職責所在，沒什麼，倒是妳們真的是慈悲。又說：這裡又來了新夥伴，真可悲，凡人的愚癡，怎樣來勸起，不懂孝與道，空為財、為名煩惱，愚！癡！

沒形象

某日躺在客廳沙發上小睡一下，很快的就入睡了，一會發覺不對，我身體是躺著但卻有個我，坐起來還走出肉體，心想，怎會這樣，就像電視上靈魂出竅一樣，我一直叫她回來，她還是一直走去，一下又一個我，起身又想走，我還是拼命的叫著，叫幾聲後我不叫了，因為那個我，很奇怪，有點矮矮又胖胖的比例不是很好，走路還瘸著腿，心想這麼醜這麼怪，走了也好。但自己有點害怕怎麼會這樣，醒來後想想，是不是躺在客廳睡不禮貌，菩薩修理我，於是向祂道歉。又想，以前也常常這樣睡啊！

三天後與師兄師姐們等多位前往台南，這次行程知道的人不多，大家各自開車會合，此次是去訪高人，三位修得不錯的老前輩，所以師兄只告訴幾個較有用心的前去，為避免是非多，所以一概保密，免得又有人說師兄不公平大小眼。

第一站是一位老師兄，今年八十六歲的堪輿老師兄，一頭禿的發亮的頭頂，加上又長又亮的白鬍子，說起話來中氣十足，看得我們真的好佩服。他那老一輩的待客之道更是讚賞，他要家人備茶，而他堅持一一親自送給大家，我們說：謝謝，自己來。

師兄看出李老師的堅持，於是給了我一個眼神，要我們坐好即可，李老師親自送了師兄等幾位後，其餘由他兒子為我們大家送了茶水。李老師很客氣的為我們開釋了一些道理，淺顯易懂卻是生活周遭最易疏忽的事情，又告訴我們修道的基本是孝道，真的讓我受益良多。

第二站到台南東山鄉，一位吳老師那裡，他家就是一座水果園，旁邊有個土地公廟，聽師兄說：吳老師三代祖傳替人看病，且是先天使命會看病，屬國醫級的很厲害。

吳老師很客氣的招呼著大家，因為人多我們自己帶了食物去煮，很有趣，晚上吳老師為我們看病開始了，每人一張紙先寫上地址與姓名後又收了回去，心想可能是待會再一一問診，結果又人手一張的，發回自己的問診單，上面卻寫了一些字，有的是詩句，有的是自己的心事，有的有看沒有懂，大部分都是沒什麼病痛的，在大家納悶的時候，吳老師才說：有不懂的可以問，原來問診，現在才開始。

而每一位再經吳老師解說後都是相當滿意，而我本想問問，我的眼睛偶爾還是會很不舒服，誰知單子上竟沒寫有關眼睛的事，當然我也詢問了吳老師，他說：沒事，要我多用心，乖一點，不要被修理就沒事。這個答案，我實在是不滿意，後來仔細想想，好像每次眼睛不舒服，都是在上面要我傳訊息，但自己又很搞怪忍下來不說時，隔天一定眼睛痛，且連痛很多天，眼科醫師也都說沒事，但我卻痛得快爆了，現在終於明白，被修理都是找妳的弱點，所以要乖一點。

晚上大家又聚在一起，聽吳老師說話，也可提出問題來問吳老師，我問了吳老師前幾天在客廳睡午覺的事，他笑而不答，讓我還是不解。

隔天早上約九點多一行人就離開吳老師那裡，到附近的孚佑宮仙公廟，那裡有部分還在蓋，廟中有一處是八仙會的雕像，有的在下棋，有的在飲酒作樂，有的手提花籃很悠閒，但沒有一個我認識的，還好旁邊都寫有名字。團拜後大家各自活動，我在拜墊上跪著，很快，就被訊息叫到八仙會前跪著，就跪在寫有鐵枴李面前，祂說了：明雪，妳真含慢（台語），八仙妳都不認識。

我說：對不起，我會努力記。

祂笑著說：妳看看，這就是人間仙境，是不是很羨慕呢？不必羨慕，只要好好的修，將來這也是妳們的地方。還有妳說的那個矮矮胖胖還瘸了腿的人，就是我。

我連忙說：對不起，可能形容的不好，千萬別見怪！

祂大笑著說：不會啦！但害妳擔心很多天。

我說：沒有啦！說完後，起身想起來，誰知竟站不穩，右腳腳板往內翻，反著腳板站著，好痛喔！就是無法正常的站立，想叫人幫忙卻喊不出來，等自己勉強站起時喊出的話，卻是嘰嘰咕咕的靈語，原來是鐵拐李上身了，但反著腳板走路真的很痛，畢竟我還是有意識有感覺，於是想找人來扶著，師兄卻要大家退後，所以鐵拐李跌坐在地上，嘰嘰咕咕的和師兄對答著，要師兄過來攙扶祂，於是師兄走過來了拉起了祂，鐵拐李打了師兄一下，因為剛才師兄害祂跌坐在地上，他們就這樣用靈語一直對談著。

祂說：今天很高興看到大家，呂仙祖特別要祂，帶領大家上樓參拜，要上樓前，祂一手靠在師兄的身上，一手卻拿起葫蘆喝著酒（手上並沒有葫蘆及酒，當時感覺就是這樣），喔！不對，應該說是灌酒，祂一邊說話，為大家介紹八仙，一邊咕嚕咕嚕的揚起頭伸長脖子灌著酒，應該是高興也逮到機會，還走到八仙會前，教祂們下棋，還很得意的說拜拜；說也奇怪，祂喝了不少酒後，不嗜酒的我，頭竟也暈了，真的飄飄欲仙，用腳板走路竟不痛了，可能酒把我的意識給灌醉了，讓我完全融入，就是鐵拐李了，就這樣大家跟著搖搖擺擺的鐵拐李上樓了。

到了樓上鐵拐李任務完成就走了，我覺得頭又不暈了，想想自己剛才有夠滑稽沒形象，有點不好意思。大家也很好奇的看著我，王師兄更誇張還拍手叫好，還問我剛才腳痛不痛。我說：不痛才怪！於是趁著大家沒看到，自己又偷偷學了剛才鐵拐李的那一招，但腳板就是翻不過來，更別說是走路了，真是有夠神奇。

西方道堂、九龍山西岐城、三桃山龍雲寺、孚佑宮仙公廟二日記趣

每次大法會完，都會有行程去感謝仙佛，法會時的慈悲護佑，通常我不參加，因為家人不認同，孩子月考日期相近，有時還是會有訊息，希望妳同行，但孩子為重並不考慮，這次是最後才臨時決定同行。

第一站西方道堂，位於屏東縣萬巒鄉，祀奉的主神是王禪老祖，是道教的道法先師，有法師公之稱，團拜後各自活動，當然大家都是先求先佛為自己開恩謝罪，我也不例外，不久大殿王禪老祖慈悲為明雪訓示：

道門寬闊
道法無邊
道教聖道
永被眾生

聖道領傳
普及眾生
唯有善果
才能收圓
善書著作
勸化世人
不再癡迷
功果加倍
願妳用心
上天庇佑

明雪：好好學起，雖然仙骨在身，但是考關仍是接踵而來，切莫自高自敗。謹記！

王禪老祖祝福妳

大殿左邊是地藏王菩薩和東嶽大帝、酆都大帝，也為明雪訓示：

汝有無形法杖與明珠
菩薩慈悲賜給妳
望妳更加用心起
稟著初心來學起
雖是通天達地起
稍有差池就沒起
謹慎查證來做起
助人助己好時機
家庭圓滿第一位
家考是妳致命起
惜緣惜福孝心起
給妳圓滿考過去

明雪，妳的慈悲上天都看見，不再心煩自在起，菩薩助妳一路順利。

右殿是西方如來、西天如來佛祖、觀世音菩薩，因為眼誤所以才心想怎麼西方如來和西方如來佛祖有何不同呢？突然中間那位說：明雪妳又叫錯了，是西天如來佛祖，不是西方看清楚，要我走到祂面前，又說：

明雪
讓我仔細看看妳
近來榜上就是妳
果然不凡的靈氣
好好珍惜來做起
上天惜才疼惜起
西天如來佛祖

我真的受寵若驚的說：感恩，我很含慢，若做不好的請佛祖教訓。

佛祖說：沒，沒含慢，用心做就沒錯。

明雪衷心的感恩，我會更加用心的。

第二站是位於高雄旗山的九龍西岐城，主神是周文王聖帝，據說是掌管封神榜的神，記得以前也來過，當時剛結緣什麼都不懂，師兄說：要大家用聖筊請仙佛應證，還要唸：腳踏西岐城，封神榜上可有我某某的名字。當時大家真的都丟聖筊，丟得很高興，當然我也在那行列之中，但根本不想執筊，心想，上封神榜，哪有那麼容易，何況我又不會求，說不好又會挨罵所以就算了。當時只感覺，應該是神佛想藉此鼓勵那些有心向善之人，所以大家都三個聖筊，肯定一下。當然當時也有人沒成功，也有大家公認德行不很好的聽說也成功了，因此，我更肯定，這是鼓勵作用，大過實際意義，因此，團拜完大家都就地打坐，我闔眼靜坐，訊息來了；明雪，妳看封神榜上大大寫著妳的名字；妳為何不問？

「真的，眼前出現我的名字，還看到某位師兄的名字在我旁邊。」祂說：的確，有很多自高之人，以為自己很行，封神榜上有他名，自己想的，當然不算，一言一行都由上天來鑑定，所以自高必敗，上天也不可能用他，這是借鏡；當然現在有名，不代表永遠存在，哪天，行不端做不正心念改時，上天隨時將他除名，屆時不只當初的困苦而已。明雪，望妳這樣誠心不變、初心不改，上天也不會虧待起，聖神仙佛大家都很慈悲，該給妳的只要用心，都會給妳圓滿如意。

道盤轉　篩盤密　好種子　留下來　助收圓　功果圓

共同珍惜，周文王聖帝祝福妳。

今天的一切，的確讓我受寵若驚，一直以來，就只是本著誠心盡力而已，不知這就是修道基本要件；而我也似乎在不知不覺中做到了，得到上天這些肯定，有點意外，希望能藉此慢慢讓我有更多體悟，可以將善音傳遞給每一個人。

隔天凌晨約三點桂芬說：妳有沒有聞到什麼味道，剛入睡就聞到一股很清香的花香味，她知道有人來，於是問：是花仙子嗎？還是何仙姑？都沒答應，但還是聞到花香。

一早為避免塞車很早就出發，往旗山的三桃山龍雲寺。龍雲寺主神是觀世音菩薩與九龍九鳳，團拜後靜坐時，桂芬坐我旁邊，突伸過手握住我的手，此時菩薩說：兩人互相扶持共同來助道。事後也與桂芬相互印證自己的訊息，竟然賓果。

又往第四站，臺南東山鄉崁頭山孚佑宮仙公廟，沿路上大家都在休息，桂芬突問我說：明雪，我剛剛看到一個長相有點奇怪的人，眼圓大、臉部顴骨很凸，耳也尖尖大大，臉部顏色也很怪，臉大大的；到底是誰呢？咦！會不會看到不好的？我說：是不是很像千里眼那種樣子，我懂妳說的樣子，但我也不知道是誰，別要我猜，猜錯是一定的，別陷害我。大家笑笑就過去了。

到了仙公廟，因為是假日人很多，團拜後自由活動，我在八仙會前站著，想靠近一點，但有兩對夫妻，應該也是會感應的人，其中有位先生，一手刁著菸不時的大吸一口，還會發出很大的打嗝聲，當他吐出煙時，一股很大的力量將我往後拉，不要我聞到菸味，他一手刁菸，一手伸出去說接了一個仙丹，於是往自己老婆嘴裡塞，塞完後告訴另一位先生說：另一顆你自己拿給你老婆吃，就這樣仙丹吃完了，就走了。

我向前跪在旁邊怕擋路，但卻慢慢移自中間呂仙祖前面，祂開口說：胡搞，剛才那些人真是亂來，不知誰給他們仙丹，吃的這麼高興，一點禮貌都沒有，愚癡。吾乃孚佑帝君呂仙祖是也：本想與妳們一敘，奈何人潮眾多為避免麻煩，吾與妳悄悄上樓去。

於是我上樓到仙公廟辦公室，師兄和一位廟裡的年紀很大的陳師兄，還有幾個師兄們在談話，我在門口，很怕失禮，不大想進去，但不行，一把就拉進去，還把幾位師兄請出去後鎖了門，說明來者何人後，就坐下來與大家聊，告訴師兄，這一批人中，有很多人中之龍，人中之鳳，但在學道的過程中，常有人不解或為困境所困擾無法跨過去，因此，放棄停頓實為可惜，這是你要多用心的地方，請陳師兄在教育上要多費心。呂仙祖本想說有關我的事，我趕緊說：不好啦！沒人自己誇自己的，我還很多要學習我不夠好，不要說啦。於是笑笑的聽，廟裡的陳師兄為大家開示，祂一直點頭贊同。

接著到嘉義用餐，一上車桂芬笑著說：明雪，我又被罵了，昨天的花香，不是什麼花仙子、何仙姑，是藍采荷，真是冤枉，我真的不認識，祂要我看清楚記住，這對我來說真的有點困難。大家還是上車就睡，我並沒睡，靠著椅背閉目養神，耳朵還清楚的聽到各種聲音，但眼前卻是一重重高山還飄著山嵐，霧濛濛的就像山水畫的風景，且風景並無停格，而是像在雲遊般不同的景色，一一呈現，還試圖張開眼睛，看看是否在做夢，但真的，是真實不是做夢，於是又閉眼，又開始雲遊仙境一直到嘉義。

陳師兄在仙公廟時拿了一本有關呂仙祖的經典書，看了後很高興的給我和桂芬看了一頁，我們倆異口同聲的說：就是他。原來桂芬看到那個長相奇怪的人，就是呂仙祖當初收的徒兒，本是屬魔怪類，因受呂仙祖感化而改過，為呂仙祖收做徒兒，青面獠牙，運轉五行，面青心更青，專為仙祖做查稽之務，受封為太乙柳真君。

這一趟行程真是收穫不少受益良多。

苦情緣

這是一段非常感人的苦命鴛鴦的真實故事，某次春季法會發生的故事，這次法會報名的約六百桌，場面非常莊嚴盛大，為了能清清白白的做好每一環節的事，參與法會的師兄師姐們都依菩薩的指示，在法會前的一個星期，便開始喝水、吃果，所有五穀都不吃，更別說其它食物，目的只有一個，只希望能以最淨最靜的心，用最清最淨的身，去為每一位報名參加法會的祖先們，做最好的幫助。

法會一連三天，第一天依照慣例是調靈的儀式，由幾位有這種特別使命的師姐，誠心仔細的，一一調起每一位祖先靈，再將祖先牌位，一一請至「報恩堂」供家屬參拜，而這次我與桂芬被安排到「報恩堂」，做問祖先的事務，簡單說，就是當靈媒讓家屬與祖先做溝通的橋樑，我與桂芬都是用最誠的心，去做最真的傳達。

下午第一次參加法會的張師兄，是第一位問祖先的人，他說：潘師姐，我該如何問呢？我說：你就問，我代祖先回答。

共有五個牌位就照順序來，他說這是阿公，我一看是日本名字「佐藤ＸＸＸ」我說：

阿公日本人，於是閉起雙眼，只感覺阿公的心，無奈的心酸，兩手抱著左腹，肚子一邊是個大窟窿，不發一語。我張開眼睛說了感受與畫面。

阿公不發一語，我也不能亂編，就換下一個牌位，是阿嬤。張師兄小時候阿嬤帶的，我一樣又閉起雙眼，一聲很大聲的吶喊，劃過我平靜的心。佐藤桑（還是日本話），我已經六十幾年沒看到你了，我的眼淚不聽使喚的流著。此時的我，閉著雙眼，因當下是母子畫面，我是縮小的畫面，而阿嬤是主畫面，我們同時存在，而且資料一目了然，阿嬤說了她的故事。她說：當時躲空襲上學斷斷續續，那年她十六歲才上小學，當時年輕的日本人，是她的小學老師，相處下情竇初開與日本老師相戀了，那時父親已不在了，家中哥哥極度反對，時代背景，國家情結絕不允許，阿嬤也不敢說，當時佐藤桑跟阿嬤說：這次將與軍隊搭船回到日本，一切情勢都穩定時，一定會回來娶她，阿嬤相信著，不料，船在海上遇襲擊，船沉了！當時看到一個畫面，年輕的阿嬤肚子裹著一條寬寬的白布，在床柱邊，布往肚子繞呀繞，喔！當時阿嬤已經懷孕了。後來大哥作主，就帶著胎裡的遺腹子嫁給人。

我張開眼睛，深吸了一口氣，緩和一下剛才的震撼，跟張師兄說了這過程，他問：

有什麼他可以做的，於是，我問了阿嬤，阿嬤說：希望可以幫阿公的身體醫治嗎？我跟阿嬤說，別擔心，法會期間菩薩會幫忙，會有醫藥的靈療，我再問阿公，有什麼可以幫他的，阿公說：希望可以回到我的故鄉。阿嬤急忙的說：我要跟你回去。只見張師兄面無表情，不敢回應，眼睛看了另一個牌位，原來還有另一個阿公。

張師兄將這個情形告訴在家鄉的父母，傍晚父母親到法會的報恩堂了，雖然規定每位祖先只能問一次，還是破例給張師兄爸爸再問一次；七十多歲的老爸爸，雙手合十閉著雙眼，我說：有什麼我可以為你轉答的嗎？他還是緊閉雙眼不說話，我也閉起雙眼希望可以為他傳達祖先給他的話，不一會，我張開雙眼他也張開了眼睛，突然我的手重重的拍在他的肩膀說：你永遠是我的佐藤（日本話）。（日本人爸爸，給他的一句話，即你永遠是我的孩子）

忙完後張師兄一直謝我，也介紹給家人認識，張爸爸說：當時他閉起雙眼時，看見一張照片，是他從來沒見過的，一位英俊挺拔的年輕人穿著軍服；我接著說：腰間佩了一把像劍的長刀；他說你怎麼知道；因為，那時我閉著眼看見的畫面就是這個，那應該就是你沒見過面的爸爸。

張師兄說：小時候阿嬤帶著他，很小時有印象，阿嬤會給他看一張很舊的照片，說是阿公，還說了很多，當然，那時很小，說什麼當然不知道，但四五歲再大些，阿嬤就不曾再讓他看照片了，小時候還以為，阿嬤說的阿公就是家裡的阿公。

以前的我，不看瓊瑤愛情故事，也不浪漫，更不相信什麼海誓山盟的愛情，今天竟如此真實的感受到，實在太神奇了！但不解，為何經過這麼久，還是那麼執著，還是在苦當中，並沒有因為沒了色身就結束，這樣的記憶還是存在。而臨終的信念，將會是再次轉生的推力，因此，就算再次的輪迴，一樣會帶著這痛苦的靈魂印記再次轉生，當能量相應時就再次落入苦中，無法究竟。

人生不苦，是我們都把這些生滅的現象當真，才會跳脫不出苦，雖然從結緣至今讓我體驗太多的事，但總覺得，一定會有一個更好更自然更可以落實在生活中的好方法、好的修行道路，讓更多人可以相信並相應。

唸佛

一直以來我幾乎都是心唸佛號，很少唸經典，剛結緣時廖師姐曾送我一本普門品與我結緣，還囑附我要常持頌它；但我還是不常唸，多半是自己懶，所以一直沒唸它；但自從帶植物人時，因我與桂芬替當事人求情，地藏王菩薩反考我倆的心，要我們連三天，跪頌地藏王菩薩本願經三次，那次是我與桂芬第一次頌地藏經，因不熟經典，所以一部唸頌完畢約三小時，桂芬更慘，繁體字看不懂，一部經典頌完需四個小時，雙腳跪得發麻，但心是快樂的。或許我們的誠心與用心，竟在專心唸頌下清清楚楚的感覺到地獄的種種現象，像是身歷其境的看著，給我們的感應，此次以後我更真確了解，頌經唸佛的力量有多殊勝。

記得女兒國三時，我一直很擔憂她的功課，雖是不差，用功不夠要拼公立高中還是很難；將來前途堪慮，某日，向菩薩告知我的憂慮，請菩薩幫忙，讓女兒記性好、能專心、多用功，考上好學校。結果菩薩回答說：「明雪，這不用我幫忙，妳自己就可以了。」

我不了解的問：「我，可以嗎？」

菩薩說：「可以的，只要妳每天頌一部普門品迴向給她就可以了。而且還可將心中的願望一一說出喔！」我心想，不會吧！一部普門品的功德有多大？若真有所求才唸頌，那還談什麼功德呢？

菩薩說：「那就看妳的心。心量有多寬，願力就有多大。」頓時覺得很狐疑，也不是很了解菩薩的意思。但從那天起，每晚頌一部普門品，成了我的固定功課，唸完後除了迴向兩小孩課業，全家平安健康，還有娘家所有人都順利平安，也迴向給十方法界一切眾生，能得善知識，了悟世間苦。

說著說著才驚覺，我是否迴向得太多了，會不會太貪心了，頓時才了悟出菩薩說的那句話「心量有多寬，願力就有多大」，也讓我真確了解到，頌經唸佛貴在誠心，唸佛頌經除了深入經藏外，也是專注、定力的訓練，絕非速度與次數多寡。

唸佛，它不是拼業績也非拼速度，不是唸很多次才最好，只要誠心、靜心加用心，才能深入經藏智慧如海，了解其意更與其相應，自然願力就可以無量。從那天開始迴向時，就迴向給十方法界所有眾生，平安圓滿離苦得樂，因為十方法界所有的眾生，當然也就包含了我們家人與更多的有情眾生。

再次感恩菩薩的教導！

每天固定唸普門品一段時日了，愈唸愈順，所以時間上也縮短了許多。常常唸著唸著，又想到白天的工作或孩子或其它雜事，但總能很快再靜下心來，入睡前也很自然的心唸起南無地藏王菩薩聖號，心中總是很平靜很感恩。這樣的感覺很自然會與媽媽及好朋友分享，但有時候當自己很喜悅的分享時，我也知道有些人並未能可以去體會；也會有人認為我是否太投入了，但還是希望能有更多人，能有緣得此善知識。這樣的善知識，不花錢，不需靠有名的大師加持。只需花點時間用心去實行。

真的一點都不難，只是這些人的緣份還沒成熟，有些人更可憐一生到老，都無緣接觸此善知識，常心想，我們都可以汲汲營營追求物質、金錢、名利，為什麼不能用點時間來為我們的未來世種個善根呢！

約有一週的時間，每當唸完普門品迴向，到最後時還加上一句，願孩子出入平安。這句話，平常不再迴向文中，為何這幾天，都會加上這一句？但心中總有一種說不出的感覺，反正很自然就說出這些迴向文，也沒想得太多。

幾天後，快下班時正忙碌，一通電話是找我的，在一陣吵雜聲中，對方說：妳孩子被車撞了，當下心裡又慌又緊張，連忙問是男孩還是女孩，因為那天女兒月考，只上半天，讓我聯想到她，對方說是男孩，此時，我已聽到兒子的聲音說：我又沒怎樣。當時可以感覺到孩子，應該還好，那位先生說：他是大漢橋下公所停管處的人，用事主的電話打給我的，便接給我與事主說話，事主說：孩子一直不要到醫院，但他還是要送他去醫院才安心，我請他先送孩子到附近的縣立醫院，我隨後就到。

同事們怕我受騙，現在太多抓住人性弱點在行騙。打電話請婆婆先不要緊張，請她先到醫院，我隨後就到，也告訴先生此事，當然我馬上就飛奔過去，同事們都很好很關心，要我騎車小心，一路上真的心好急，心中很快就出現，觀世音菩薩名號，讓我靜下心來一路唸佛到了醫院。

此時醫院門診已下班了，從急診室進入，心中更緊張，只見大廳坐了二位警察，詢問下，才知孩子正在照X光，到那裡只見婆婆也緊張得臉紅紅的；一旁一位原住民年輕人猛打電話，心想這位應該就是事主，也差不多嚇呆了，年輕人姓張，我們打招呼後，警員要我趁空檔回去拿健保卡；回到家馬上就先跟菩薩上香，請菩薩要保佑孩子沒事，很快的又回到醫院，此時，孩子已經坐在大廳椅子等我，他一臉驚恐；其實應該最擔心我會罵他，因為車禍的時間，他應該是在家裡寫功課才對。我全身上下檢查了一遍，沒什麼傷，婆婆說：她也從從頭到腳翻了一遍，除了頭上右邊額頭腫個包，稍有擦傷，制服右肩磨破，肩上一點點小擦傷外，真的沒什麼傷，此時的我才放下心，但還是要孩子蹲下再站起來幾次，確認腳部骨頭無礙才放心。

醫生說：X光一切OK沒事，但要觀察後續有無腦震盪問題，未來三、五天是主要觀察期要多休息。再來就是處理車禍的事了，我先謝謝張先生先送孩子到醫院來，此時我才清楚的看了這位事主張先生，是位年輕的原住民，除了大眼黑皮膚外，讓我最深刻的是，他的頭髮有點長，臉上很暈暗，張先生說：是孩子闖紅燈，張先生一直強調附近有商家可以作證，現在孩子沒事就好了。

我問警察這要怎麼處理，他說，兩方假如都沒事，就簽個名就和解就好了，沒經驗的我，想說既然沒事，那就簽吧！結果張先生的女朋友說話了。那我們的車怎麼辦？這時我才知道孩子是被汽車撞，看孩子身上的傷，我一直以為是閃摩托車摔倒，才會只是小傷。警察要我們回警局去做筆錄，也到門口去拍照車子留存。

天啊！到底是怎麼撞的，車子左邊引擎蓋上凹了兩個手掌打開大小的凹洞，還是靠近邊邊最堅固的地方，沒有很大撞擊力，不應該是這樣的凹洞，我說：這凹洞若真是剛才撞的，孩子的傷絕不會只是輕傷。張先生說：是真的！上週才鈑金整理回來，才兩天。小姐馬上說真的，上個月也出車禍，上週又出車禍，現在又一次，怎麼那麼衰。車子真的才修回來。她反問我，又不是我們的錯，車子還要自己賠，很無辜。心想，孩子過兩天觀察一下，再談此事，還要這位嚇傻的張先生，去行天宮收驚一下。

兩天後孩子沒有大礙，就把車子的事處理了，會接連著出車禍，自己應該就是最大的問題，希望年輕人可以引以為戒。這幾天接孩子下課後，就繞到大漢橋下停車管理中心，去謝謝那位打電話通知我的先生，也帶孩子謝謝他，因有早晚班，所以第三次才找到，當時那位先生見到我們，直呼不可思議！

他說那天當班時，只聽到很大聲又尖銳的煞車聲，衝出來看孩子在下橋處路口，四線道的內車道被撞飛，很高落在外車道，雖沒見到血流滿地，心想，這孩子一定還是傷得不輕，這些天心裡還一直惦記著。

我們不斷的感謝，他說：這若不是有菩薩保佑，絕對不可能！

是的，感恩菩薩的庇佑，我問孩子當時情形，他說紅綠燈很多個，明明是綠燈才走過去（是個大路口，紅綠燈很多段，孩子可能不知看哪一邊），走到一半，就看見一個黑黑的影子衝過來（車子），同時，感覺好像有人用雙手從後面抱起他，就跌下來，頭上一個包。告訴孩子，這樣的情況，車子的凹洞，當時若不是菩薩接住你，抱住你，那真不敢想像。感恩菩薩的厚愛！

圓滿

某天夜晚大姐來電說：有位好朋友華哥住院，原本是臉部偶爾會不時的抽動，醫生說：是顏面神經的關係，可動的小手術，很快就好了。帥帥的華哥，特別找了主任級的醫生動刀，醫生也信心滿滿的要他別擔心，這是小手術，一個月好幾十個的開，是很普遍的小手術，別擔心！手術後的第三天，原本需平躺的姿勢，已可以將床頭搖高坐起來了，誰知道，坐起來時，血水竟從鼻孔流出來，於是趕緊請醫生前來檢查，經過一翻折騰後，醫生很抱歉的說：因為手術時，那個引流血水的洞忘了恢復塞起來，因此，還要動一次手術，把洞塞住恢復，於是，無可奈何的第二週又手術了一次，手術後第三天，還是一樣才可以搖起床頭坐起來，這回血水沒流出來了！不一會，臉部顏面神經抽動的，現象一如未開刀前一樣，又不時的抽動著。

晴天霹靂！又找來醫生檢查，又經過一翻折騰，醫生不好意思的說：有可能第二次手術時又不小心動到了原本手術好的神經。可能的話下週再動一次手術，聽到這裡，大姐說：真的想殺人了！如此這般的情形，是運氣差還是怎樣，都特別挑了主任級醫生，不是說像閹雞一樣的小手術嗎?一週可以恢復的小手術,搞到第三週了還要再開第三次,華哥因為這樣,心情很受影響,晚上睡得很差,食慾也沒了,一個高大的帥哥英雄,接二連三的折騰,不是變狗熊,現在是一個軟趴趴的趴趴熊!

雖然我自己是這麼特別體質與因緣,但沒宗教信仰又鐵齒的大姐,從來就不相信這些,即便知道這個妹妹不會騙人,但沒發生在她身上還是難以相信。

大姐這次找不到更好的方法,最後還是請我問問看菩薩,到底怎麼辦呢?那時我有上班,也有一段時間沒有幫人處理這些事了,於是請我的朋友幫忙,師姐有開宮,她查了一下,告訴我有三個冤親債主在身邊,她說:現在很晚了,這幾天她會外出不在家,可以的話,她現在寫張符,放枕頭下,讓華哥晚上好睡,至於那三個還是要處理,既然問了,當然要處理。大姐本來對這種事就是不信,要錢,更有疑慮,於是自己請師姐先處理,我又趕過去拿符,再送到醫院,回到家已凌晨三點了。

隔天中午大姐來電謝謝我,昨晚華哥睡得很好,今天體力好多了,醫生會仔細檢查,下週再安排手術,但華哥體力大大損傷,不能再動手術了,身體會撐不住,真想告醫生業務疏失,又想,人都還在這裡,到時候亂醫一通,更麻煩。我要她別擔心,還是跟醫生配合，這樣的小手術這麼多人都沒事，會發生在他身上一定有特別的原因與用意，若體力不行，就再觀察看看，真需第三次手術也要等體力完全恢復再說。

就這樣情況慢慢的好轉，第三次手術，沒有做，慢慢的臉部也沒再抽動了，這時醫生又說了：連續兩次手術，可能顏面神經變更敏感才會又抽動，慢慢再觀察；又兩週後終於出院了。華哥和大姐來找我，我帶他們去謝謝師姐宮裡的菩薩。師姐又說：華哥家的祖先有問題，華哥說：祖先是十多年前大溪買神桌安座的，神龕也舊了，趁這次整理也好，於是又約了時間到他家去看看，華哥希望我也陪同。本來是我介紹的也會幫忙仔細著，只是，又多了這個祖先問題。

幾天後，華哥就近請朋友開車送我們到他家，今天除了來看一下神龕尺寸，也要將祖先名冊謄寫出來，現在神龕祖先名字都用電腦刻字的。華哥是外省第二代，父母過世後，台灣只有兄弟姐妹，其他親戚都在大陸，祖先成員也簡單。在謄寫祖先名冊時，奶奶沒有名字，只有個姓氏，華哥說：因為以前重男輕女觀念很重，女生地位低落，因此只有入姓氏不入名字，所以沒有名字。好吧！沒名字就照原來的只入姓氏吧！

事情完畢後，大伙在客廳閒聊，此時感到有股力量在牽引著，索性就自然的站起來開始掃瞄氣場，每個房間都做清理。在一個置物的房間時，我身體感到一陣涼，就打起哆嗦！牙齒打的咯咯聲不斷，身體也冷到發抖，華哥連忙脫下外套披在我身上，大姐也趕緊端上熱茶，我調整一下自己，拿下了外套，坐了下來跟華哥說：這是一位老的胖伯伯，希望你可以再幫幫他，他很辛苦，自己一個，沒人可以幫他。所以只好找你，他說：對不住你。

華哥一聽，便說：這位是以前眷村裡的張伯伯，只有一個人，以前眷村互相照顧，生病後都我在照顧打點，後事也是我幫他完成的，我也會去幫他掃墓。沒關係！我能力所及盡力幫忙。

胖伯伯感動的離開。才又走兩步又打起哆嗦了，牙齒又打架了，還是冷到發抖，剛才的模式又來了，披外套，喝口熱茶，我又坐下來聽他說，這位仁兄欲言又止，不說；於是我用心跟他溝通：你不說，我們就幫不了你了。

我索性站起來往前走，華哥在我後面大聲說：我堂哥，他是我堂哥。幾年前他的後事也是我幫他的，他家人不太管事，都是我幫他完成的。

我回頭說：你怎麼知道是你堂哥。他說：三妹（我在家排行老三，華哥稱我三妹），妳剛才走路長短腳，我堂哥就是長短腳，走起路來跟妳剛才一個樣！我說：喔！他請你幫幫他，又不好意思說，你自己看著辦。大姐頭一遭看我這個樣子，一定嚇到了，其實當下我可以感受他們，但不會不舒服，只要可以讓他們說出他們的需求。

師姐常說，她像正牌醫師，而我像個密醫。因為她開宮我沒有，其實我並不介意，也有師兄師姐想藉助我，去幫他們辦事，我才不要。我很少與宮廟接觸，都是自己一個在家自修，因為明白，自我觀照內化，才能真正提升，正心正念，以智慧為前提行六度波羅蜜與八正道，就夠你修得了，心念決定一切，我可以掌握自己，又控制不了別人，我哪知道別人的心念如何？有人見錢眼開馬上變，那豈不是要與他共業嗎？無論是不是密醫，可以真正幫助到它們是最重要的，我只要明白，我的老闆是菩薩。

回程還是華哥朋友載我們，師姐一上車便夢周公去了。我坐前座與華哥朋友聊了起來，不久上高速公路為讓他專心開車就較沒說話了。不一會，一個柔順的聲音說著：總不能沒個名字吧！

我用心通與她溝通。我問：您是……華哥奶奶（直覺的叫出）？

她說：是啊！小姑娘，希望沒嚇著您（非常的客氣）。

我說：不會，但奶奶我們不知道妳的名字，又不能亂寫，怎麼辦？

她說：小時候爹爹喚我叫雲兒，出閣後大夥喚我叫雲娘，您幫我寫上雲娘好了。

於是馬上去電給大姐，說明奶奶希望有個名字，請華哥再想想奶奶的名字或打電話去問大陸親戚，華哥說：親戚老一輩都不在了，這一輩我最大，我都不知道了，其他應該不會知道，三妹我相信妳。

我說：不是妳相信我，寫錯怎麼辦？你再想想。

華哥說：真的！想不出來。

我說：奶奶說，小時候爹爹喚我叫雲兒，出閣後大夥喚我叫雲娘，她要我幫她寫上雲娘這個名字。

華哥一聽驚訝的說：三妹你說什麼名字？

我說雲娘。

他說：對！對！就這個名字。

我問：那剛才你不是不知道想不起來嗎？現在怎麼知道了？

他說：突然想到，大約我十歲時，有一次坐在我爸爸腿上時，他提起過奶奶的名字就叫雲娘，真的！我想起來了！

我說：那你剛才為什麼想不起來？

他說：三妹，那都快五十年了，我也不知道現在又想起來。你知道那種感覺，就像我們在想一位很久的朋友，但就是記不起來他的名字，突然有人說出他的名字，我們就會馬上連結，想起這個人的名字，是三妹剛才說了雲娘的名字，才讓我連結的想起十歲時的那個畫面與名字，三妹，謝謝妳。

我說：不用謝，對了就好，這雖是奶奶說的，畢竟只有我聽得到，所以我還是要一再確認才可以。

此時師姐讓我吵醒了，她說：本來沒名字，不寫就好，寫錯了誰負責？我看祖先安座那天妳要來，要跟他們的祖先，奶奶嗆說：是妳要我寫的，對不對我不負責。到那天，假如妳要上班不能來，我再幫妳嗆一下。我笑著說：沒事的，不用嗆！

很快的，十天後安座的日子到了，我請了假，一起去參與華哥家神尊與祖先的安座，近中午一切都就續，換了新的神龕也順利的完成安座了。師姐提醒我要記得處理一下名字的事，才不會替人擔業，我明白師姐的好意，但在我的觀念中，那是不會發生的事，祖先或其它眾生，請我們幫忙感謝都來不及了，哪有什麼擔業問題？何況一切都是經過菩薩認可才成就得了，又不是自己自做主張，所以不會有這些問題，師姐的好意還是心領了。

於是，請華哥自己擲筊問，華哥大聲的說：各位祖先們今天大家是否都順利圓滿的入座？叩！一個聖筊。大家是否高興？叩！一個聖筊。華哥望了我一眼問：奶奶，您的名字，是否是由您親自請三妹轉告的，若是請三個聖筊（我明白華哥為了不讓我為難，刻意請求三個筊，幫我確認），結果，一連三個聖筊，圓滿。

我站到神龕前行個禮，感謝奶奶，也很高興替她完成這件事，這時，坐在神龕旁的關公說話了，於是，我順勢靠到右邊的神位前看著關公，此時我忍不住大笑一聲；大家為我的舉動感到奇怪，目光全投向我，我也很不好意思的連忙道歉對不起的，但還是忍不住笑著。

華哥問：三妹，怎麼了？我說：你家關公說：你是傻弟子！祂保護你與你的家與家人，所有的一切，都三十多年了，你還是叫錯祂的名字，敲你多次頭一樣沒感覺。

華哥一臉狐疑的說：不可能！我們家關帝聖君，從我爸爸到我三十多年，每天早晚都是我，上香敬茶水，我有事也一定說給關帝聖君聽，請祂幫忙，我怎麼可能叫錯三十多年，不會吧！

我說：華哥，你叫祂什麼？華哥說：關帝聖君啊！我還是忍不住大笑：你家關公說：傻弟子！是關聖帝君，不是關帝聖君。此時的華哥，愣了幾下才意會過來。不只我笑，大家都笑翻了！當然，關聖帝君也透過我，提醒了華哥一些事。而眷村胖伯伯和堂哥也在今天請菩薩幫忙引渡了他們。

就這樣，一切都在和諧中圓滿了，無論是有牌無牌或密醫，那都是人們頭腦的想法，以現實物質面來看，沒有一個像樣的宮廟或道場，往往無法信服於人的雙眼，卻不明白宇宙智慧之海與大自然法則是無所不在，更是無形無像的隨時遍佈著虛空。又偏偏有些人就利用裝飾華麗的道場或宮廟胡作非為，當然宇宙大自然法則，種因得果不滅定律，自己終會收其惡果，我們唯有靠自己智慧去判斷，才不會受騙上當。

無形的眼睛

親戚來電，她的養父七十歲了。平日身體硬朗很會保養，但近日不舒服，進醫院檢查，結果是肝癌，情況很不樂觀，希望可以透過我，看有什麼可以幫他的。於是相約到醫院去看看，其實我實在也幫不上什麼忙，一切都是自己的造化，只是查看對方是否有福報，是否心存感恩與懺悔，上天菩薩賞不賞光，而我只是祂們助手。

到醫院與阿公寒暄後，就開始掃瞄與干擾的眾生溝通，感覺很多、很沉重、又很怪，溝通又不說話，較強烈的是，阿公的右腳小腿很像被某個東西包覆著，有壓迫的感覺，親戚說：阿公那隻小腿會酸軟沒力，醫生也查不出原因。於是我問了地址，閉上雙眼查看。只見一樓住家前，奇怪，有個類似客廳的地方，整個密密麻麻都是眼睛，仔細的看又不像眼睛，又開開合合的動著，地上一層又一層的不停的動，很奇妙！

我向親戚與他們家人在病房外說明，我問：你們家是否有庭院，市區房子不太可能有庭院，那為什麼到處都是眼睛？家人也一頭霧水不知道！他們說，前面有個大庭院，是違章加蓋出去的空間，平時停放車兼生意醃蛤蜊的地方。原來，阿公這幾十年來都在市場做生意，是賣鵝肉和醃蛤蜊的。聽說生意不錯，過年過節每次都要醃個幾百斤蛤蜊，和數不清的鵝，當然也賺不少錢。

原來如此，那些眼睛，全都是蛤蜊水族類的眾生，這麼多，清不完。也只能帶到地藏菩薩案前請菩薩作主，引渡這些水族眾生，讓阿公的治療可以順利，至於那隻右小腿，菩薩說：不用幫他醫腳，醫好了全忘光（跟過去生因果有關連，阿公某個人生課題還是沒完成，習氣沒改變，這是業因的提醒，還是沒人可以替代他受苦），而家人也一再向像菩薩請求，想替阿公做這做那的，我只告訴他們，可以幫忙的盡量，但有些事情現在心急答應了，未來做不到反而不好，隨緣就好。常有人發願，最後又不甘願。

就這樣一直保持著連繫，有時化療前後，會再請菩薩幫忙讓療程順利，阿公雖平日身體硬朗卻也敵不過癌細胞的擴散，家人也是醫院家裡兩邊來來回回的辛苦著，某日下午親戚來電，阿公的小媳婦可能兩邊跑，加上忙碌心力交瘁，今天到醫院時，突然眩暈的很厲害，完全只能平躺，稍起身馬上眩暈，就直接在急診室急救，檢查說是缺少鉀離子，醫院要她回家休息。

問我如何，我當然請她們，跟醫生配合，相信醫生的專業，但直覺告訴她，還是不對勁，我現在正在上班，下班有點晚，你們可以自己去請菩薩幫忙。不久又來電，他們開著車要去請菩薩幫忙的途中，眩暈的更厲害，有時還失去意識，結果又緊急的送回醫院急救，醫生再次打針又檢查還是沒結果，要他們回家休息。我說：今天我真的不能請假。醫生處理好了，情況若穩定一點就先回家休息，等我下班再聯絡吧！

下了班，回到家除了安排孩子與家事，心還是掛著，於是去電問了情況，結果並沒有好轉，雖然很晚了，他們仍希望我可以去幫她，於是約好時間，他們開車來接我，車子的前座除了阿公的小兒子開車，旁邊椅子打平躺著小媳婦（完全不能動，用眨眼睛與我招呼）後座坐了我親戚，我就擠進後座小位置上。我也來得很急，但在打開車門的同時菩薩就來了，擠進座椅的同時，就用手撫了小媳婦的額頭說：別怕，跟到不好的東西，等一下請菩薩作主幫忙。

下車後，她只能用平躺的被抬到一旁休息，而我直接將她身上的無形眾生帶到了地藏菩薩案前，跪地後，連退好幾步，頭也不敢抬的如擣蒜般，磕頭說對不起！於是我分飾二人，一問一答的用心念與它溝通。

我問：妳是誰？對方與妳何因緣？在哪裡跟上她？為何妳這樣跟著她？讓她身體這麼不適？菩薩案前要誠實說明。

她依然猛磕頭的說，對不起！對不起，我與她並無因緣，我是在醫院急診室跟上她的，看她急急忙忙，氣很雜亂又很弱，我才有機會跟著她，對不起！對不起！我知道錯了；請菩薩原諒我，給我機會。

當然，經過調解，對方同意做功德引渡這位眾生，而我也任務完成的站了起來。想到剛才的感受，還是不由自主的摸著自己的頭頂和頸椎到背部，感覺剛才的我頭頂上一個大窟窿，從頸椎到背部的脊錐骨頭完全錯位；天啊！怎麼那麼慘，心想，一定是被車撞散的！突然聽見菩薩說：不是被車撞的，是跳樓的自殺的。難怪！全身上下，二三六六。

所以，奉勸家中有人生病，照料的家屬一定心力交瘁，進出醫院忙進忙出的，若還是擔心煩惱又睡不好，至少要勉強自己吃飽一點，氣才不至於太虛弱。

一段時日，阿公的病情因癌細胞已擴散，肚子脹大不斷呻吟，在醫院除了注射嗎啡外，已停止治療，就在醫院安排下帶回家。親戚因為知道之前我曾經有因緣，幫外婆的後事盡點力，也希望我可以幫幫阿公。能力所及當然願意，只是這兩天適逢清明節需回花蓮掃墓，只怕想幫也幫不了。於是幫他開了三張疏文交給親戚，在阿公往生後化了讓他好走。

這三天我們就用電話保持連繫。阿公就這樣滴水未進，喊痛的呻吟了三天三夜，請醫師來打嗎啡也沒用，家人實在不忍心看他如此受苦，也無法替代，親戚幾次來電問我怎麼辦？我說時候到了，只是那種痛，牆上的還一堆，它們當初就這麼痛，妳作不了主，若家人都同意，妳再將疏文給化了。不一會，又來電說；疏文火化了，不到十分鐘就走了！

走了也是一種解脫，親戚說明天中午前入殮，問我何時回來，我說：路途遠，我一定趕不回來的，她說阿公往生不到幾小時，身體非常僵硬怎麼辦？（親戚知道當年幫過我的外婆原本僵硬的大體頓時身軟如綿），於是我請桂芬前去幫忙，桂芬竟也一口答應，真是太感謝了。事後，聽說有好一些，但還是僵硬的，每個人情況不同，也不是我們幫得來，此時給往生者及家屬一個安心，慰藉成份會大過實際效用。

下午我也前往喪家關心，上香後感覺棺木布幕外怪怪的，仔細看阿公的中陰身還在，縮著躲在角落啜泣，我上前去帶他站起來，家屬也靠了過來，此時中陰身的阿公右腳跛腳不能走，家人問阿公還有什麼要交代。阿公說了個名字，說他很遺憾沒能見到他結婚生子（是他的長孫）。自身都難保了還執著這些！

只見家屬都在前庭院摺蓮花，當然我也坐下來幫忙，總是遠親（我只認識一位親戚，其他成員都不認識），結果，菩薩不讓我幫忙他們摺蓮花，祂跟我說：他們子孫一堆，無功無德怎能承受妳幫他摺蓮花，起來！於是我離開了。

幾個月後，聽說阿公往生後，原來市場賣鵝肉與醃蛤蜊的生意由小兒子與媳婦接起來做，經過這些印證，親戚曾暗示他們是否改賣別的食物或其它生意，結論是否定的。

生命很脆弱，人性很健忘！活生生的印證，還是抵不了物質界的誘惑，善業的選擇非常重要的，而一般人總是只考量眼前看得見的好處，又不懂得行善佈施，依我的經驗，菩薩慈悲給機會，不會一而再，再而三，禍福無門唯人自招，福報功德是自造的，唯有靠自己成就自己。

人臨終的信念是轉生的推力，臨終前的恐懼、擔憂、痛苦，未來將帶著這些信念與能量，再次轉生，就這樣一次又一次每況愈下，往下沉淪的輪迴著，反之，生前即常保有寧靜喜悅的內在，臨命終時，可以一心不亂，專注在意念的平靜喜悅中，如此純粹光明絕對是靈魂的向上提升，是值得讚嘆，自然對死亡是無懼的，所以沒有悲傷只有滿滿的祝福。

禪班顯化

好友鄭兄與太太都是向道、學道者，因為太太患有類風濕性關節炎，這是一種免疫系統失調的疾病，但因為夫妻倆很用心，除了持之以恆的運動與飲食的調整，平時持咒頌經都做功德迴向，如今不須用藥物控制病情，身體狀況也保持得很好。同時他們也有靜坐的習慣；某次閒聊，談到靜坐的問題，雖然我自己一直有靜坐習慣，但都是自己的方式，鄭兄提到他們靜坐的方式有點特別，要調氣，而且是漸進式的，一個階段一個階段的學，好奇之下請他教我，他說有道場在開禪班，可以參加，教得較清楚。

據說，當年某個宗教在起源時，有個入爐法會，天為鼎地為爐。入爐閉關需105天，早已失傳。在民國五〇年代，藉由上天的力量，再次傳到某位道長年幼的小女兒身上，轉達上天旨意。這位道長為宏揚真理，傳授性功命訣，苦口婆心勸人修行向道，但當時沒人相信，甚至污衊毀謗。這位道長本是位名中醫師，在民風保守的年代，已遠赴日本學習物理治療，在當時算是一位醫界先驅，醫術精湛名譽鄉里。經過這樣污衊打擊，索性隱居山林簡單生活，無奈天命在身，就一邊行醫一方面講經說法，上天仍希望他傳授九節玄功，使有心修行學道者，人人收束身心圓明覺性。

最主要，是調整身體與開發內在潛能（回復光明本性）。當時蓋了一間小小簡陋的禪室，希望可以傳承下去，無奈機緣一直無法成熟，禪室關了很多年。一直到民國七十四年因緣俱足了，才正式九節玄功的教授。工商社會很少有人可以一次閉關105天，因此才將禪班分為十五個單元，每個單元七天，一個單元一個單元的參加，你可以分幾年精進的參加，也可以十五個單元分十五年上完，沒有約束沒有壓力。本來嘛！個人吃飯個人飽，個人修行個人了。端看個人選擇，不論你學習到哪個單元，日常生活的精進才是重點。

於是我參加了100年的64期第一單元。這樣的禪班不收費用，七天內不能外出，遵守規定，同一禪室男女分班，一切生活照顧、環境維護、伙食餐飲均由參加過的學員回饋護持。所需經費也是由參加過的學員隨喜發心，延續運作法脈，不接受捐款，只為正知見與天命功法的傳遞，不涉私利。這對一向實事求是，搞怪的我理念很相應。此次禪班學員三十六人，共有來自七個國家的學員參加。

初階單元七天課程中，為了讓學員漸進的學習，實際靜坐時間並不長，並安排很多與修行觀念相關的課程，而靜坐部分，就從基本的調息開始。對平日有靜坐習慣的我來說並不困難，但對初學者能夠坐得住，倒是一件不容易的事，更何況是大熱天，實屬不易。除了靜心，定功也是一種學習。每日近中午的那堂課是靜坐，坐的時間不長，約三十分，第一次靜坐有些學員坐得很辛苦，坐不住！等不及想下丹用餐。我還好，可能因為人多道氣強，集體意識的能量好，磁場強，一坐就進入狀況。

待時間到時，學員紛紛下丹用餐，我雖意識到了，但卻下不了丹（結束坐禪稱下丹），感覺自己變得很巨大，很亮！那個亮讓我看不到邊際，找不到手腳下丹，只好繼續安住下來。不一會，感覺手腳回來了，本想可以下丹了，因為我不想和別人不一樣，要趕快去吃飯，不想太特別。但還是動不了！就繼續坐吧！忽地！傳來一個中氣十足的聲音，唱著剛才上課的道歌，實相世界讚：「萬靈真宰無所不在，光明遍照實相世界，實相世界真善美愛，極樂國土一時佛在，一時佛在在我心內，入吾吾入光滿靈台，光滿靈台永遠自在，自在自觀觀自如來（台語）」。

那聲音非常高亢響亮，讓我心想，在旁邊照顧著我的副班主任，是不是也聽到了呢？突然間！在閉著的眼睛中，看見眼前站著一位身穿著長袍，個子瘦小的老者。這是誰？

不會吧！這麼瘦小的身軀，能唱得出剛才那高亢響亮的聲音，這也太不搭了吧！若真是！我就服了他。

心念才想完，他竟來到我的身旁，我是靜坐著，他彎下腰來，在我耳邊用很輕柔的聲音說：(因為剛才唱歌實在太大聲了，若在耳邊也這麼大聲，我絕對會嚇到)「大覺者、大覺者(台語)，」我一時沒意會過來，就用心念跟他說：「你認錯人了，我名字不是大覺者，你認錯了。」沒想到換來他幾句爽朗的笑聲！最後他摸摸我的頭，那高亢響亮的歌聲再度響起，「萬靈真宰無所不在……」聽著，聽著，我的手腳可以動了，我下丹了！

搓揉雙手，揉揉眼睛動動手腳，我下丹了，一旁的副班主任問我，為什麼靜坐還帶著微笑？其實並沒有，我急著下丹，不想跟其他學員不同，哪還會帶著微笑？當時我並未告知她這一段經歷。正當要走出禪室時，看見牆上掛著一張照片，竟是剛才那位老者！問了副班主任才知道，那是道長，已歸空二十五年的老道長，上課前唱的實相世界讚，就是道長的著作，於是趕緊跪地叩三個頭，請他原諒我的有眼無珠，只聽見爽朗的笑聲，表示沒生氣，還好，剛才的靜坐晚了四十分鐘了，趕緊去用餐。

到餐廳，班主任過來關心我，他是位很棒的點傳師，他問了我，我說：聽見歌聲又看見老道長。班主任很驚訝的說，這二十多年來的禪班，也都明白道長冥冥之中的助力不少，但來顯化結緣還是頭一遭。班主任在上課也提起此事，很快的我又跟別人不一樣，躲不了！

班主任說這一班很特別，很多學員是道場的菁英，也有多位的清修道親，尤其這一班有七個國家的道親回來參加，且學員都相處融洽。很快到了第五天，又是中午前的靜坐課，大約是在十分鐘後，坐在禪室右後方角落的男學員，發出很大聲的搖晃聲；聲音不小，但那搖晃時的壓抑力，讓叩叩作響聲更大，所有的學員應該都受到了影響（還是初階定力不夠），我也不例外，很好奇到底是誰？又怎麼了！

聲音依然沒能停住愈來愈大聲。學員們紛紛張開眼睛一探究竟，此時的我更好奇，瞬間，我的手竟比起蓮花指還高舉著，是菩薩來了！我趁大家沒發現，假裝自己是在伸懶腰，接著把手放下藏在背後。頓時！我右腳竟扳起腳刀，側著腳拐著拐著走了幾步，同學看見了問：怎麼了！我說：腳麻！趕緊蹲了下來。因距離下課時間也近了，於是班主任請學員全部下丹用餐去。只留下班主任自己與副班主任一前一後的，看著那位角落上男學員，還有假裝腳麻的我。

假裝腳麻的我蹲下來，心想，剛才菩薩來，我不想不一樣，硬是忍了下來，馬上八仙也來了，天啊！原來禪班裡，真的是諸神護衛著，一般人絕想像不到，若非我親眼所見，還真是不敢相信呢！於是我趕緊上前，若再端著，等一下鐵拐李老又出現，我就沒形象了！

走向前，只見男學員緊閉雙眼，雙手握在胸前坐著，前後猛力的搖晃著。班主任們一前一後的顧著他，請他張開眼睛就會清醒，但他似乎無法張開雙眼，狀似想吐又吐不出來，想清醒又張不開眼睛。我知道是冤欠纏身了，想幫他，但班主任沒有示意我也不敢太雞婆；看他要吐又吐不出，噎得冷汗直流臉色發白；心想再下去肉體會受不了，於是蹲下來，請兩位主任先放開手。

我閉起雙眼，用心念與它溝通：今天無論你們是誰，與他有何因緣，既然可以到此，自然也是因緣俱足了，你們這樣對他也無法解決，放開他，好好的溝通，如果該還你的仙佛會作主。於是我將一隻手放在男學員的胃部，一個吸氣，把它們帶出來。但瞬間！我的嘴竟然歪到左耳邊，非常的歪！班主任瞪大眼睛看著我，我心想，剛才怕沒形象，這下全毀了，完全沒形象可言。

於是歪著嘴帶著它，走到老道長相片前跪了下來磕著頭，求老道長作主。另一頭的男學員已經張開眼睛，驚恐的氣喘吁吁，我用眼神暗示班主任。薑還是老的辣，班主任馬上就說：冤冤相報何時了，好好去修行，放下心，我知道是這位學員欠了你，他一直都在菲律賓傳道辦道，若行功了願，到時候將功德迴向給你。聽完，它猛力的搖頭表示不答應。

不答應……班主任又說：那麼讓這位學員拿出三千元，專款專用，印善書的功德迴向好嗎？當然也徵詢了男學員的意願。在這同時，我也用心念與它溝通說：冤家宜解不宜結，老道長都作主了，你就答應了吧！結果，它答應了，馬上我的歪嘴也歸位了！謝過了道長後正想起身，耶！我側坐著伸直了左腿，左手卻不停的切著大腿；原來還有一位腿斷成很多節的冤欠在，此時另一頭的班主任見狀知道還有一個，於是就說：再用三千元印善書功德迴向。

我心想，不行；一個三千兩個六千，加上回來臺灣參加禪班的機票費用，請假的開銷，這位學員經濟狀況不知如何，若造成困擾，那會讓人退了道心的，何況冤欠也不是給很多就好，若能勸化與教育對它們才能真正有所助益，於是說了：就這三千元印善書功德迴向兩位，不足之處請道長作主，將來該學員的行功，功德上天自會撥轉。就這樣，圓滿了！我站了起來，摸摸腳摸摸嘴都歸位了。男學員也恢復了，起身連著道謝。我說：不用謝，是菩薩與道長的幫忙作主，不是我！只見班主任故意逗趣嘴歪一邊笑著，我請他們千萬不要說出去，那太沒形象了！

晚上，班主任知道大家一定對今天的事充滿好奇，於是大略說明一下中午情形，他說：老道長很慈悲，禪班至今六十四期，相信道長一直是護持著大家；但這一班的確人才不凡，也出現了顯化，更證明禪班的殊勝諸神護衛，希望大家更加用心在個人修行上，讓這正向的力量，影響家人也影響更多的人。

接著請今天的主角男學員上台分享，他靦腆的上了台，他表示：自己到菲律賓已十多年了，未婚，一直在當地做生意與幫忙佛堂運作，有學長介紹禪班與靜坐的殊勝，本來更早就想回來參加，就是因緣不俱足，以前自己靜坐時就像今天的狀況，完全坐不住；今年有兩次車禍差點被車撞成肉醬，讓他很受驚嚇，同時也感恩菩薩，因為長期住在佛堂服務大眾，一定是菩薩保護著，才能平安躲過劫數；這次來參加禪班也是困難重重，差點無法成行，索性一再堅持才得以參加。原來，一直是有冤欠在干擾著他，感恩這次大家的幫忙，自己也只有更懺悔更精進的心回報。

換我分享，我說：這幾天一直想低調，不想和學員不一樣，但還是感恩菩薩，老道長的疼惜，給我機會學習。一旁的班主任又逗趣歪著嘴笑著看著我。

很快的七天的禪班圓滿結束了！每位學員都收穫滿滿的分享了心得，當然我也一樣。其實，每個人都是俱足圓滿實相的本質，而那個本質，就是老道長實相世界讚的歌詞裡所寫的真、善、美、愛，每個人內在神性的本質也是如此，唯有透過修行，去脾氣改毛病，向內關照自己的心，斷除煩惱、習氣、洗滌累世業識無明，用正向思維面對所有的考驗。

修行其實是學習，學習不斷向內觀照，內化才能真正的用靈性的角度，隨緣面對此生的種種修學功課，不會再落入頭腦的思考模式中，以物質為重的汲汲營營裡，慾望高需求愈多，也代表著內在的匱乏愈重；當你的內在是圓滿富足時，那外在實相也必定圓滿富足，因為外在只是內在的投射。

當然大家一定很好奇？當時那冤欠在調解時，難道傳辦道的功德會小於三千元印善書的功德嗎？為什麼它們不答應，反而要三千元印善書的功德，還兩個分呢？試想，這兩位一定是跟了多久的時間，雖不可考什麼因緣（有些冤欠會一直哭訴，有些它就是找到了債主，就一定要討到才肯罷休。若不是它該要的，不會那麼理直氣壯的。那些偷渡的冤欠被發現時，頭如搗蒜的磕頭，都嚇的要死；但可以出來調解的，都是有請令來索討的，所以菩薩會幫忙調解，因此除非冤欠有哭訴說原因，或當事者想了解為什麼是我時，我才會多問，讓他心服口服，不然，不會多問，因為已經夠明確了，還要對方拿出證據，那時通常它們會很抓狂，再加上利息索討，甚至調解破局，到時菩薩也幫不了），但可以肯定的是，若發生在你身上絕對與你有關，它跟那麼久又討不到本來就很抓狂了。

也有可能它的時限到了，必須離開又要不到，不生氣嗎？若以日後行功行善的功德才迴向給它們，很多人轉身就忘了，或是哪天退了道心，冤欠豈不是又白等了，只好再連結到下一世。如同人世間有人欠你錢或其他，你好不容易找到他，跟前跟後也要不到錢，今天有位長輩要替你作主調解，而對方卻要你再等等，等做生意賺大錢再還你，你會答應嗎？當然不可能。你可能會跟他說，把你身上所有的錢和值錢的東西全拿出來抵帳，你去做生意又不是穩賺的，若賠錢我不是又白等了，作主調解的長輩也會同意他的做法。

所以，只要我們肯修正自己改變心態，懂得懺悔感恩，冤欠們有時也會原諒放下的。這位男學員可以如此清償調解，我真為他慶幸。如今這樣的因緣，了卻一件因果，不但自己負擔輕了，也渡了它們回歸其所。圓滿！

定數

因有禪班的顯化的事件，後續的單元禪班上課時，聽說班主任都會提起這件事，造成小小的轟動，但我並不知道！

某日有位同學來電問了一些問題，希望可以有機會請我過去她家看一下，因為路途很遠，只是告訴她有機會，我願意，但路途遠時間上可能需要再安排一下，同學說：只要我願意，高鐵很方便的。說的也是！只是我未接到前往的訊息。掛完電話，其實心裡希望可以幫幫她，突然想起有位好友曾提到，媽媽住南部安養中心十多年了，每個月幾乎都會去探望她，於是去電問問，好友說，應該會下個月再去，因為現在幫同事帶國中學生的課。心想，那就下個月再去吧！不一會好友回電說：後天就可以去，因為學生剛好四天的畢業旅行，科任老師放假，所以她先生可以開車帶她去看媽媽，我可以同行。

於是去電聯絡後，第三天就順利前往了，現在交通真的很方便，南二高平日順暢，順著衛星導航很快就到了。那是一棟三層樓的樓房，四周圍就是他們家的果園，現在正值是農閒時，芒果剛收完，蓮霧才開花，所以才能抽空參加禪班，同學帶著我們參觀了一下果園，聊了一下家中情形，目前果園的位置原本是養蝦池，多年前釣蝦盛行時期就養殖大量的蝦，約十多年前因生意愈來愈落沒，就將蝦池整地後種起水果，弟弟與弟妹一家大小，才由中部搬回來這裡幫忙果園照料與生意，這間樓房也是當時建造的，二樓設置為佛堂，一家大小都很虔誠，每週也有固定的開班共修，但一家人身體都很差，常生病，弟妹更是每天都無法睡好覺，看醫生家常便飯，希望可以請菩薩幫幫忙。老爸爸很熱情的點頭招呼，但就只能坐在屋簷下，因為，不抽菸喝酒的老爸爸，肺部很嚴重的纖維化，坐在屋簷下，戶外空氣流通，對他來說是較舒服的。

於是，我到二樓由佛堂開始掃瞄整理，當下感到非常沉重雜亂的能量，一個一個房間的清理，尤其弟妹房間雖然兩面牆都開著窗戶，卻是完全悶熱，能量沉重雜亂非常嚴重，這應該就是常年睡不好的大因素。除了家中的能量氣場整理外，也教了他們一些改變的方式，而清理出來的負能量也開疏文，請他們到村裡地藏廟隨喜功德引渡它們。但果園的部分只能請菩薩作主幫忙，因為地靈很雜亂，當時挖地蓋養殖場沒好好處理，事後整地做果園也沒做好處置，隨便挖任意填，它們當然不高興，只好請菩薩安住它們，因緣成熟再說吧！

同學也請我看一下爸爸。我跟同學說：爸爸喜歡吃什麼能吃什麼就盡量吧！因為爸爸的肺，是某個過去生吸鴉片往生的，今生肺部本來就有業力印記，所以盡量讓他舒適就好。

告別後，就與好友前往他媽媽住的醫院的安養中心，一路上閒聊，雖然媽媽住安養院已經十多年了，談起媽媽還是滿滿的不捨，還好家中兄弟姐妹都很用心，這個安養中心，也把媽媽照顧的很乾淨，這是唯一讓她們較放心的。

她說：媽媽是一位非常善良、溫柔好脾氣的女性，說話總是舌燦蓮花，鄉下有些阿桑講話很粗魯，媽媽從來不會，也很熱心助人，很能替人著想。某日去參加一個活動，回程很晚了，搭不到車，鄉下路又遠又黑，因為很晚，不想麻煩孩子出來載她，於是自己就慢慢摸黑的走回家。回到家已經是凌晨快天亮了。就這樣睡了兩天，一覺醒來完全變一個人，對兒女們也不認識不再舌燦蓮花，破口大罵，還會出口成髒性情大變，當時也曾治療但效果不彰，加上壞脾氣，家人也不知如何是好。

好友說：在媽媽未生病之前，曾北上探望她，且說了一些奇怪的話，也帶來兩張放大的大頭照片，一張給她，另一張給姐姐，但姐姐感覺太不吉利了，生氣的拒收，所以兩張一直都在她這裡，不久，媽媽就發生這些事，現在回想起來，冥冥之中媽媽似乎知道自己未來會發生事情，但當時並沒有提起，應該不想麻煩家人或是自己也不知如何處理吧！當年大家都忙工作、小孩，也沒能覺察的注意到，如今就是遺憾與不捨，後來媽媽生病後失去意識成了植物人，已經十多年了。

到了安養中心，看護正好幫媽媽洗完澡，洗的乾乾淨淨的，房間內完全沒有不好的氣味，媽媽因常年臥床，洗好澡看護讓她坐在輪椅上，好友拉起媽媽的手，不停的按摩不停的叫著媽媽，完全沒反應，聽得我都心酸了！我也拉起媽媽的專注的看了她一下，感覺媽媽內在並沒有怨氣，臉上表情平和（我看過多位植物人有些臉部僵硬有些是扭曲的），於是閉起眼睛再次溝通，果然，不同的聲音與剛才的感覺天壤地別，它說：我的時間還沒到，妳別想要我走，我可是有旨令的（心想既然如此，媽媽也還得差不多了，看她完全沒起嗔恨心，應該讓媽媽還清圓滿，才不會再次連結），它口氣不好，我也很兇，我說：好！那你還幾年。它說：兩年。我很兇的說：好！現在快年底了，今年一年，過完年第二年，你馬上給我走！我第一次被嗆，也是第一次回嗆！同學眼神看著我，我並沒有說出這段經歷，只告訴她，媽媽辛苦了，讓她自然吧！我們當天就回程了。

過完年五月份，與好友聯絡時，她提起媽媽已往生了。期盼辛苦多年媽媽褪下這個肉體後，能得到真正的離苦與解脫，七月份再次參加第二單元七日禪班，聽另一位同學提起，那位肺部纖維化的爸爸也往生了。

當然，現在提起這些事，無論是烏鴉嘴或是馬後砲都無所謂，真正想表達的是，凡事都有一定的定數，不是我們這些可以溝通的人，就有什麼通天的本事改變，人間有法律，它們的世界也有它們的規則，不能互相侵犯的，曾聽過有一種到陰間去審案的，相信也有一定的程序與規則，只要照程序，用懺悔與改過及感恩心，上天會幫忙調解的，千萬不要隨便相信，有什麼通天本事被騙了。

七 還有什麼問題嗎？

靜心無明兩種意　看你如何走過去

還有什麼問題嗎？

經過這麼多親身經歷的事，對世事真的有了很大的體悟，凡事帶不走，只有業相隨！無論善業、惡業，你都還是在連結，不斷的一次又一次的輪迴著。大家是否會好奇，我遇到問題時，會不會問菩薩？答案是，完全不會，剛開始覺得不公平又很氣，為什麼？我都可以幫別人，菩薩竟然不幫自己人，常讓我受盡苦痛的時候還會罵我，而且每一個事件時間都非常的長，往往都在我已經經歷過了，祂，才讓我看這事件的緣由與過去生的自己。

查過那麼多因果也明白種什因得什麼果，我們都只是將送出去的東西經過時間牽纏，加乘的回到自己身上罷了！但因為時空背景換了，容顏變了，我們就不認帳了。不認也不行，該你的跑不掉，不是你的求不來。

也因為承受的是自己，又看不到過去生，有太多人不信因果，其實那都只是人這顆頭腦在抗拒，不論信不信，我們的深層的阿賴耶識（阿卡沙秘錄）中都完整紀錄著，因此不想受苦果，只有改變，因為臨終的信念將成為轉生的推力，我們將帶著相同的信念能量再次轉生，而這些信念能量，決定你投身之處，物以類聚，它將成為來生的習氣與性格，因此生命的模式並不會因轉生做太大的改變，也因為我們都是多生累劫的來來去去，所以內在的習氣不會是單一的，而這些習氣與能量就成為靈魂印記，再次轉生時靈魂就帶著這些印記來到新的生命中。

生命就像一條河流，從出生就流向死亡，過程中，有石頭有小魚有暗礁，有順遂的靜流，有起風時的波瀾與水花，生命時間像河水，永不停息的向前奔流。生命的洪流中所有種種的現象，有外在引起的波瀾，有內在靈魂的細胞印記的暗礁；因緣和業因將再次相應，反應在外在的行為模式，生命中的考題難關，再次呈現，成為今生的生命重要課題；因此自我改變，將內在的因、內在的印記消除，淨化生命之流，成了人們此生最需面對的首要之事，而不是查因果。淨化清理就是創造，它將改變你的思維模式，創造出你（妳）新的人生。

而我自己清楚的看過，自己很多的過去生，不同的時空時代背景不同，種族也不同，性別有時也不同，但在這些不同的轉生中，有一個特性是，有個傲慢的個性！這個沒有改變的靈魂印記，讓我此生吃盡苦頭。

認識我的朋友都知道，我是一位熱心善良膽小簡單的人，從小乖巧內向又聽話，長大後因緣成熟，即開始一連串的果報還自受，考題便一一的出現在生命中。而周遭的親人朋友有些也是應過去生，不同因緣再次的出現，與我除了現在的關係外，其實更多的是內在業因的連結，無論好壞，善緣或惡緣無法選擇，再次活生生的出現在你的生命中，當然換了時空變了容顏，其連結的因並不會改變，有時角色位置相同讓你再做一次，有的角色互換讓你體驗別人受的苦；這樣的課題，端看你此生修為改變到哪裡，是否可以跳出過去生的對應模式，也決定這個考題是否過關。

而我當然也和一般人一樣，照著來自內在舊的印記模式，在運作我的人生，面對我的課題。差別最大的是；這一世我換了一個角色，與我的過去內在完全不同，反差很大，因此我的人生更加的拉扯，每個問題的出現，讓我無法承受與招架。每個重要課題也因為這反差的拉扯讓我來來回回的在運作，相當辛苦！時間也都非常的長，身體行為上辛苦在運作的同時，也會有善因緣善知識的相扶持，也有生命中家庭溫馨家人的支持，其最過不了的就是自己的心！為什麼是我？為什麼會這樣？怎麼會發生在我身上；不公平！

種種的心，還都是過去傲慢習氣的投射罷了！近五十年的歲月當中，竟都在這裡兜，一直到因病尋源頭，與菩薩結緣後，慢慢新的認知才開始，又因過去生傲慢習氣的靈魂印記使然，讓我用了十年的時間，不斷在別人的因果事件中，再次體悟與自己的際遇對照下，重新看待問題，過去生聰明的我，傲慢的習氣從不把別人看在眼裡，此生善良，內在裝的卻是這樣傲慢習氣的靈魂，行為是此生的善良本性表現，但其內在還是傲慢習氣的本質存在，人的接觸不是只有行為，其內在的靈魂交流，業因相應也是重要的一環，因此我此生的課題即是……常常被誤解！

今生從小內向乖巧，加上傳統保守觀念的薰習，讓我遇到所有的課題，都像啞巴吃黃連有口難言，加上自己內向的個性，不懂如何據理力爭，表達自己，往往就是委屈的往肚裡吞，吞得下，卻消化不了，就是一再壓抑，讓自己內在恐懼，焦慮壓力很大，情緒不安非常不快樂，那種心的傷害往往會留下更深的靈魂印記刻痕。

很多人在這樣的情緒下生活，一定成為一個憂鬱症病人，當時醫生也曾告訴我這樣的結果，但我不認帳；丟掉藥包，告訴自己，這都不是我想要的，也曾動過不好的念頭，又因為帶過自殺的個案經驗，明白那是一個很蠢又不究竟的方法，也曾怨過菩薩為什麼不救我，最後，還是只能勇敢的，揭開傷痕去真正面對、看待與處理，讓我想起聖嚴法師的名言：面對它，處理它，放下它！

每個人的靈魂印記與習氣都不是單一的，生命中的重要課題，當然也不會只有一個，當初面對「被誤解」的課題，當時的我，也是無明怨懟不平，但因為個性關係總往肚裡塞一再積壓，這樣的內在哪會快樂！

一個事件的傷害都伴隨十幾二十年，我很慶幸除了家人陪伴外，菩薩給了很多不同面向的處理方式，一開始不能接受，明知道妳被誤解，因為祂，總是先數落妳的不是與不足的地方，就像孩子與人發生爭吵，回到家長輩總會再訓一翻，因為你也只能管教好自己的小孩一樣。在去年一個事件中，一位我敬重的老師誤解了我；因果吧！傷心之餘菩薩數落的更難過，最後給了我一段話：

謙卑，謙虛，尊重乃此階段上師對你的重要提醒。

嗔心一起落地獄　慢心一起不覆地

尊重莊嚴自身立　上師叮嚀記心底

一身俱足光難掩　謙卑尊重記心田
世俗眼光難了解　上天助你照光天

明雪

無苦無難怎成就　無怨無言無心機
是苦是難是了業　業空恩典就現前
與老師因緣
緣起緣滅是註定　怪你無心言無意
一切放下怪自己　無明靜心兩種意
看你如何走過去　感恩懺悔祝福他
懺悔無心惹妒意　感恩是果不是因

當時的我情緒，常在無明與靜心的觀照下，定力不夠的跳進跳出，反覆的受苦著，還會幼稚感覺，只會責怪我為什麼不幫我，連解釋的機會都沒有？

於是菩薩又說了：

經過如此多的事情，妳的心仍然沒有全然的接受如是的考驗，執著你的形象不該被污衊，修行人考驗的是心，而非外在假有的存有，至今還無法開悟此點——慚愧，枉費為師的提醒——懺悔。

告訴過你，是果不是因，卻又種下因，傳遞口舌，論對錯，這不是你該做的事，難道上天用這種在意的事還考不了你的習氣慢心嗎？

放下，懺悔，臣服，祝福平息才能修身靜心，業緣盡才能沒有阻礙，這是消業啊傻孩子！

加緊學習，信心不足須再加強自我肯定，學習服務，教學相長自會體悟，加油！

或許我的心沒有真正的放下，事件並沒有因為我的不回應而平息，當時無意間看了一本形而上的書籍改變了想法，改用祝福的方式來對應目前的狀態，雖然自己覺得有點蠢，但還是真心的祝福老師會更好，或許心念改變了一切也慢慢平息了！

某日菩薩給了一段話語鼓勵：

是的，當你明白，由你送出的能量，將會再回到妳身上，由此也印證因果定律，造什麼因收什麼果，不是嗎？為何還不徹底放下，懺悔過去生種種誤用的能量呢？

更要憐憫，當別人送出負能量給你的同時，他也將負能量牽繫著一條線，循著線將回到自己的身上，經過時空的糾纏，負能量只會加乘，到時受的人有多苦呢！是否更需送出愛與光持續祝福才是。

將這些苦難的過程當成修正的導師，由內在誠心的接受，並由心田直接抽離，由靈魂中真正的清理印記，讓自己更光明，更純淨，更透徹，是否應該感恩這生中的磨難呢？

當可以真正放下，並愛你的敵人或傷你的人，給予尊重與祝福時，你將與神聖的神靈同一信念，光亮無比且真誠和諧。

孩子，不苦了！相信自己，讚嘆自己，由內在完全肯定自己，那將是上師與聖團給你的最大祝福。如是~確是~

當時的我陷在情緒的泥沼裡，什麼事都不想做，只跟韓劇當朋友。

菩薩又給了鼓勵：

明雪，把握每個當下，隨時可以靜心狀態是須更加重要的練習，浪費時間真不應該（心煩，看韓劇）它可以讓你暫時放鬆，但也侵蝕你的前進力量；切記！

照著內在感覺走，一切都會有美好的事發生。

靈性課程的學習乃上師牽引的方法之一，最主要還是自我成長的關鍵，至於屬於你的新方法，全靠你未來用心之成果，高低層次及方式自己決定，用心才能真正提升，整體靈性之提升，才能與大地能量相呼應，再次為未來世界空間盡一份心。

你的真心已消滅了今生業因。肯定自己，才能更有力量的教育大家肯定自己，向上提升，還是不斷的提醒。加油！把握每個當下，用善美的心，向上提升，向外延伸與向內連結，用光與愛充滿每一個與你交會的人與靈魂。

加油！上師的祝福。

這些提醒與鼓勵，讓我汗顏的再次省思自己，從小聽話乖巧被稱讚著長大，無法接受別人不同看法的聲音；太在意別人對我的看法，沒智慧處理，總是委屈求全的退縮，現在也明白委屈並不能求全，有時還會助長別人的慢心，是不智的，我想無意間的那本形而上的書籍也一定是菩薩安排的。懺悔自己的無明，感恩菩薩的牽引！調整自己找回自己的正向能量。

沒有清楚看待自己內在投射出的是什麼；沒有靜心誠心懺悔的清理它。沒有對當下事件臣服並尊重。臣服不代表接受這個誤解，而是接受當下的狀況，因為對方一定是曲解的才會有誤解產生，他會聽你解釋就不會起誤解，當然是堅持自己所相信的，目前的你無力改變現狀，那就尊重吧！

尊重他人的選擇，不再與其相應，就不會再次種下一個新的惡緣種子，如此才能惡緣善了；時間的沉澱會讓真相呈現。對於遭受誤解事件中的人、事、物，用愛與慈悲的心去寬恕與包容，因為他們也像當時的我，過去生的我一樣，就其所知的思維與知識經驗在行事。並用更大的愛與包容心去祝福對方，當傷害可以用愛、寬恕去原諒時，當下的你就已經跳脫出這個事件了，你就提升了，不再落入業因中，那個印記也將隨著事件發生而浮現，因事件的圓滿而被愛消融了。

感恩上天的用心，給了我這樣的學習，讓我在退縮委屈的個性行為中，慢慢還著這一段段的業緣，讓我了業也了願。我們都是一錯再錯的來到這個世界，菩薩都能一次次的原諒我們給我們機會，我們當然也可以用這樣的方式對待他人，不是嗎？我們常祈求諸佛菩薩的加被，皈依佛菩薩，我們所皈依絕不是祂們莊嚴的外表，而是皈依佛菩薩的本質，這些本質也是我們所俱足的，因內在神性被無明所污染而被矇蔽了，忘了菩薩的慈悲，文殊的智慧，彌勒的肚量，只記得用金剛的怒目來對應人生。

自己用多年時間走過這些考驗，感恩天地，感恩諸佛菩薩，感恩家人的愛護，善知識善因緣的扶持鼓勵，感恩逆境的學習與成長，更感恩自己的勇敢面對與改變，雖然過程絕不是文字言語可表達，我很感恩，讓自己走過來了，雖苦，一切是值得的！

感謝參與，鼓勵與支持本書的所有朋友。

國家圖書館出版品預行編目資料

為什麼是我？／潘明雪著.
第一版——臺北市：宇河文化 出版；
紅螞蟻圖書發行, 2013.4
面； 公分. ——（靈度空間；12）
ISBN 978-957-659-934-7（平裝）

1.通靈術

296.1 102004982

靈度空間 12

為什麼是我？

作　　者／潘明雪
發 行 人／賴秀珍
總 編 輯／何南輝
校　　對／楊安妮、周英嬌、潘明雪
美術構成／Chris' office
出　　版／宇河文化出版有限公司
發　　行／紅螞蟻圖書有限公司
地　　址／台北市內湖區舊宗路二段121巷19號（紅螞蟻資訊大樓）
網　　站／www.e-redant.com
郵撥帳號／1604621-1　紅螞蟻圖書有限公司
電　　話／(02)2795-3656（代表號）
傳　　真／(02)2795-4100
登 記 證／局版北市業字第1446號
法律顧問／許晏賓律師
印 刷 廠／卡樂彩色製版印刷有限公司
出版日期／2013年4月　第一版第一刷
　　　　　2015年9月　第二刷(500本)

定價 280 元　港幣 93 元

ISBN 978-957-659-934-7　Printed in Taiwan